Les Légendes du siècle

Du même auteur

Coups de sifflet. Une histoire du monde en onze matchs, Flammarion, 2022.

Fabien Archambault

Les Légendes du siècle

Une histoire des Jeux en douze médailles

Flammarion

ISBN : 978-2-0804-2907-0

AVANT-PROPOS

Faites l'expérience autour de vous et demandez à quelles images sont associés les Jeux olympiques d'un point de vue historique. On vous répondra toujours le poing levé et ganté de noir des deux sprinters américains sur le podium à Mexico, souvent la prise d'otage tragique des athlètes israéliens par un commando palestinien à Munich, parfois le match de water-polo sanglant entre l'URSS et la Hongrie à Melbourne, ou les exploits de Jesse Owens à Berlin en 1936. Tous ces épisodes, qui font pleinement partie de l'histoire politique du monde contemporain, témoignent du caractère central d'une culture olympique devenue planétaire dans la seconde moitié du siècle dernier.

Les pages qui suivent analysent certains d'entre eux et tentent plus généralement de résoudre un mystère : pourquoi le mouvement olympique a-t-il fini par avoir une résonance mondiale alors qu'il aurait dû disparaître ? La proposition d'organiser des compétitions sportives réservées à une extrême minorité de personnes allait en effet à l'encontre de l'évolution globale des sociétés, travaillées sur le long terme par des processus de démocratisation. Elle est formulée à la fin du XIXe siècle par un cercle restreint de *sportsmen* anglophiles menés par un aristocrate français, et attachés à des principes d'autorité morale, d'ordre politique et de hiérarchie sociale. Ces hommes fortunés sont réactionnaires au sens strict du terme, car ce qu'ils visent n'est rien de moins que d'ériger un rempart contre les logiques d'émancipation multiformes à l'œuvre autour d'eux.

Si leurs Jeux olympiques n'ont pas été balayés par le cours de l'histoire, c'est parce qu'ils ont été mis au service d'autres phénomènes bien plus puissants qu'eux. Le premier est l'américanisation culturelle du monde, dont les prémices se situent dans l'entre-deux-guerres et qui s'affirme de manière décisive à Los Angeles en 1932. Un groupe déterminé s'empare alors de l'institution olympique pour en faire l'instrument d'un projet universaliste articulant étroitement les dimensions économique et religieuse : dans leur optique, si les Jeux sont commercialisés, c'est pour assurer le salut spirituel de l'humanité. Deux figures importantes incarnent ce prosélytisme sportif du libre-échange engagé sous la bannière étoilée : d'une part, Avery Brundage, président du Comité olympique américain dans les années 1930 et président du Comité international olympique (CIO) de 1952 à 1972, et, d'autre part, Renato William Jones, missionnaire de la Young

Men's Christian Association (YMCA) et secrétaire général de la Fédération internationale de basket-ball (FIBA) de 1932 à 1976.

Le deuxième phénomène capital dans le processus de réinterprétation de l'olympisme réside dans l'ascension de l'Union soviétique sur la scène internationale. En 1951, le CIO coopte en son sein le Russe Constantin Andrianov, qui tente sans succès une dizaine d'années plus tard de réformer le mode de recrutement de l'organisme dans un sens plus démocratique – selon le principe d'une voix par pays – afin que l'URSS en prenne le contrôle. L'échec de cette tentative n'empêche pas le régime soviétique de retranscrire l'idéal olympique dans sa propre grille de valeurs. Il s'approprie ainsi les préceptes de l'amateurisme sportif et de la fraternité entre les peuples pour en faire la pierre de touche du bon fonctionnement d'une société socialiste et de la solidarité internationaliste. Enfin, l'universalisation du mouvement olympique est consolidée par la vague des indépendances. Si l'acculturation au sport avait à l'origine traduit la domination culturelle à laquelle elles étaient soumises, toutes les jeunes nations apparues après la Seconde Guerre mondiale retourne l'arme sportive contre les anciennes puissances coloniales. Dans cette perspective, les Jeux fournissent l'arène privilégiée pour exprimer leur nouveau statut et trouver leur place au milieu d'un paysage symbolique désormais mondialisé.

Ces trois facteurs – américanisation, affirmation du communisme soviétique, décolonisation – ont profondément modifié le dessein olympique élaboré dans les deux premières décennies du XXe siècle par Coubertin et le groupe qui l'entourait. C'est dans ce cadre métamorphosé que se sont construites des légendes populaires, dont la matière est constituée des exploits des sportifs qui, surtout après 1945, ont construit leur carrière et organisé leur existence en fonction d'un objectif ultime : gagner une médaille. Douze de ces légendes sont présentées ici : la moitié concerne des femmes, pour respecter la parité presque atteinte à Tokyo en 2021 ; les cinq continents sont représentés, pour refléter la mondialisation réussie de cette entreprise étroitement occidentale à ses débuts ; douze disciplines sont évoquées, pour montrer la diversité de la culture sportive qui a essaimé sur la planète, assez plastique pour s'adapter à des configurations variées. En définitive, ce que racontent ces histoires, c'est la manière dont les Jeux olympiques sont parvenus à créer un langage commun entre des sociétés qui par ailleurs demeurent très diverses.

Chapitre 1

Coubertin médaille d'or (Stockholm, 1912)

O Sport, Du Göttergrabe, Du Lebenselixier!
Der fröhlichen Lichtstrahl wirft in die arbeitsschwere Zeit,
Der du ein Bote bist der längst vergangenen Tage.
Wo die Menschheit lächelte in Jugendlust,
Wo der aufsteigende Sonnengotte die Gipfel der Berge rötete
Und scheidend den Hochwald in leuchtende Farben tauchte.

Ô Sport, plaisir des dieux, essence de vie, tu es apparu soudain au milieu de la clairière grise où s'agite le labeur ingrat de l'existence moderne comme le messager radieux des âges évanouis, de ces âges où l'humanité souriait. Et sur la cime des monts, une lueur d'aurore s'est posée, et des rayons de lumière ont tacheté le sol des futaies sombres.

Le 15 juillet 1912, sur la pelouse du Stockholms Olympiastadion, où le roi de Suède Gustave V remettait les trophées de la Ve Olympiade, personne ne se présenta pour recevoir la médaille d'or du concours de littérature. Celle-ci avait été décernée, à l'unanimité du jury, à une *Ode au Sport* en prose (en vers dans sa traduction allemande), dont les quelques lignes qui précèdent constituent la première des neuf strophes. À leur grande déception, les jurés ne sauraient donc pas si les deux auteurs, Georges Hohrod et Martin Eschbach, étaient français ou allemands – le texte leur était en effet parvenu dans les deux langues et leur rapport précisait que si « la pensée semblait d'origine latine, le langage était manifestement d'inspiration germanique ». Dans le doute, le titre fut attribué à l'Allemagne et, un mois plus tard, on s'enquit auprès de Pierre de Coubertin s'il savait comment faire parvenir leur récompense aux deux lauréats. Celui-ci garda le silence, sans doute pas mécontent du tour qu'il avait joué. Ce n'est que bien après son décès, en 1937, que le pot aux roses fut découvert : il s'agissait de son pseudonyme, composé à partir des noms de deux villages contigus de celui de Luttenbach (près de Colmar, dans le Haut-Rhin), où était née son épouse Marie Rothan. La satisfaction que Coubertin dut éprouver était d'autant plus grande qu'il avait battu la concurrence du célèbre écrivain nationaliste italien Gabriele D'Annunzio, lequel avait envoyé un long poème d'inspiration futuriste sur l'aviation – ce dernier refusa d'ouvrir la lettre du CIO annonçant le résultat de l'épreuve parce qu'elle était adressée « au plus grand poète d'Italie » : il estimait être « le plus grand poète du monde ». Que le président du CIO ait participé, même incognito, à l'une des compétitions artistiques des Jeux indique en tout cas l'importance que celles-ci revêtaient à ses yeux et contribue à révéler quelle était sa conception de ce qu'il commençait à appeler en 1912, et seulement à partir de cette année-là, « l'olympisme ».

À bien des égards, c'est en effet à Stockholm que furent organisés les premiers Jeux olympiques proprement dits, dans le sens que leur déroulement était contrôlé par le CIO et qu'ils correspondaient enfin à ce que ce groupe d'aristocrates et de grands bourgeois, emmenés par Pierre de Coubertin depuis 1894, entendait réellement mettre en œuvre. Ce que l'on désigne par convention comme les premières olympiades de l'ère moderne – Paris en 1900, Saint Louis en 1904 et Londres en 1908 – était en réalité des concours ludiques et non exclusivement sportifs insérés dans des expositions internationales : l'Exposition universelle en France, la Louisiana Purchase Exposition dans le Missouri (pour commémorer le centenaire du rattachement de la Louisiane aux États-Unis en 1804) et la Franco-British Exhibition pour célébrer l'Entente franco-britannique scellée quatre ans auparavant. Les épreuves s'étalaient sur plusieurs mois, du printemps à l'automne, et en 1900, puis en 1904, aucune médaille ne fut remise. À Paris, certains des participants aux Concours internationaux d'éducation physique et de sport ne surent que plusieurs années après que la victoire qu'ils avaient obtenue dans telle ou telle discipline leur valait un titre olympique, en raison de la reconstruction téléologique menée *a posteriori* par

Coubertin et ses acolytes. Même les Jeux d'Athènes de 1896 peuvent être considérés, dans une certaine mesure, davantage comme des Jeux panhelléniques – à l'image de ceux tenus à plusieurs reprises dans la seconde moitié du XIXe siècle –, ouverts cette fois-là à quelques dizaines d'étrangers pour essayer de donner un peu de lustre à la nouvelle dynastie royale grecque d'origine danoise, en quête de légitimité sur le plan international dans son conflit avec l'Empire ottoman.

Quoi qu'il en soit, en 1912, le CIO a les mains libres pour façonner les Jeux à sa guise – à l'exception de la boxe, qui doit être retirée du programme cette année-là parce qu'elle est interdite en Suède. Six ans auparavant, en prévision de l'olympiade prévue à Rome en 1908 – finalement annulée et à laquelle se substituèrent les épreuves sportives de l'exposition franco-britannique –, Coubertin avait formulé la proposition de six nouvelles compétitions, les unes artistiques et l'autre sportive, qui dans son esprit représentaient les deux faces d'une même pièce.

Au mois de mai 1906 s'était tenue à Paris, dans le foyer de la Comédie-Française, une Conférence consultative des arts, des lettres et des sports où avait été décidée la création d'un « pentathlon des muses » prévoyant des concours d'architecture, de peinture, de sculpture, de littérature et de musique, où chaque concurrent devait présenter une œuvre inédite sur un sujet « à dimension sportive ». La même année, le baron avait commencé à définir ce qui deviendrait à Stockholm le pentathlon moderne, qui proposait une version actualisée de celui disputé dans l'Antiquité (lancers du disque et du javelot, saut en longueur, course et lutte). Il imagina une épreuve mettant en valeur les qualités que devrait manifester un officier de cavalerie chargé de transmettre un message sur le front. Celui-ci affronterait tout d'abord un soldat ennemi dans un duel à l'épée, puis se servirait de son pistolet contre d'autres adversaires ; sa monture ayant été tuée lors de l'échange de coups de feu, il devrait poursuivre à pied, avant de traverser une rivière à la nage. Le pentathlon moderne se composait donc de cinq disciplines disputées sur autant de journées : le tir, l'escrime, la natation, l'équitation et la course.

L'inscription simultanée au programme des Jeux de Stockholm de ces deux épreuves inédites dessine les traits caractéristiques du sportif qui participe à une olympiade. Il s'agit tout d'abord d'un bon soldat : Coubertin adapte là une des stratégies communément développées à la fin du XIXe siècle par les élites libérales européennes dans leur effort d'acclimater sur le continent les sports britanniques. Elle consiste à donner des gages de bonne volonté aux tenants de la gymnastique : tout autant que cette dernière, les sports peuvent constituer une propédeutique à la préparation militaire – l'exemple du jeune George Patton, 5e du pentathlon moderne à Stockholm, confortant l'initiative de Coubertin après coup. Tout aussi classiquement, ce sportif combattant – ou ce combattant sportif – est un honnête homme, avec un « esprit sain dans un corps sain »

– l'adage de Juvénal « *Mens sana in corpore sano* » constituant le fondement de l'éducation des élites depuis le Moyen Âge tant dans les pays de tradition catholique que, plus tard, dans des pays protestants. Idéalement, il pourrait participer à la fois aux compétitions athlétiques et artistiques au cours des mêmes Jeux ; ou bien aux unes puis aux autres au cours de son existence. C'est le cas d'Avery Brundage, qui finit, en 1912, 6e du pentathlon athlétique (cette épreuve comprenait, sur une journée, le saut en longueur, le lancer du javelot, le 200 mètres, le lancer du disque et le 1 500 mètres), puis est distingué d'une « mention honorable » en littérature aux Jeux de Los Angeles en 1932 (pour son essai *La Signification du sport amateur*). Enfin, cette combinaison harmonieuse entre le « Muscle et l'Esprit », selon les mots de Coubertin, confère seule leur spécificité aux Jeux olympiques, qui sans cela ne seraient que des championnats du monde quelconques. Ces Jeux, par conséquent, ne peuvent et ne doivent concerner qu'un cercle restreint d'élus, que leur naissance et leur fortune ont prédisposés à y participer et à en apprécier la qualité.

La conception élitaire de la pratique artistique et sportive de Coubertin – la masse devant se contenter d'une gymnastique « utilitaire » – découle de sa découverte émerveillée de la société britannique lors de séjours d'études au Royaume-Uni effectués dans la première moitié des années 1880 dans le cadre de sa scolarité à l'École libre des sciences politiques

– l'ancêtre de l'actuelle Sciences po. Pour cet aristocrate aux penchants monarchistes, qui, comme beaucoup de jeunes gens de son milieu, a hésité entre une carrière dans les ordres (il a étudié chez les jésuites) ou dans l'armée (il a passé l'écrit du concours de Saint-Cyr), la conversion au libéralisme, tant économique que politique, s'explique par la fascination pour l'ordre et la stabilité d'un pays pourtant fortement hiérarchisé et inégalitaire. Si cette anglophilie n'est en rien originale en France et s'appuie sur une tradition politique et intellectuelle bien consolidée, Coubertin se singularise par son attention au système éducatif privé réservé aux élites d'outre-Manche, celui des *public schools* et des universités d'Oxford et de Cambridge, et notamment à la place qui y est accordée aux différents sports nés et codifiés en leur sein – ce qu'il développe dans son ouvrage *L'Éducation en Angleterre*, publié chez Hachette en 1888.

Dans sa vision, le sport devient même la clef de voûte d'une société où les hiérarchies sont respectées et les traditions pleinement légitimes, à l'image d'un match de cricket où jouent ensemble *gentlemen* et *players*, les propriétaires terriens avec leurs ouvriers agricoles, les premiers à la batte et les seconds au lancer. Dès lors, pour cet orléaniste rallié à une République acceptable tant qu'elle reste modérée, voire vire conservatrice, le militantisme sportif est fondamentalement politique. En se consacrant à la diffusion des sports anglais dans l'enseignement secondaire français, notamment public, Coubertin espère que le miracle opérera, d'une manière ou d'une autre, qu'un peu d'Angleterre imprégnera les futures élites du pays et que la bourgeoisie républicaine se convaincra ainsi des bienfaits de la modération sociale. En somme, jouer au rugby pour clore la parenthèse révolutionnaire.

Comment expliquer que le jeune baron, bientôt trentenaire, ait éprouvé le besoin, au début des années 1890, d'insérer ce projet d'acculturation sportive dans un programme plus large de rénovation des Jeux olympiques ? Il ne connaissait pourtant pas grand-chose de ceux-ci, semble-t-il, et lorsqu'il les évoque furtivement dans son ouvrage *L'Éducation anglaise en France*, paru en 1889, c'est pour en ricaner. Quand il y fait allusion sérieusement, à la fin du discours qu'il prononce en clôture du congrès de l'Union des sociétés françaises de sports athlétiques (USFSA), dont il est secrétaire, en novembre 1892 à la Sorbonne, il lance l'idée de manière improvisée. S'il l'approfondit durant les deux années suivantes, c'est qu'elle lui paraît en valoir la peine et avoir une chance d'être réalisée : elle répond en effet à la nécessité que ressentent une partie des élites occidentales de devoir réaffirmer leur prééminence sociale et culturelle, perçues comme menacées.

Le congrès international qui se tient au mois de juin 1894 dans les amphithéâtres de la Sorbonne est ainsi souvent présenté, à tort, comme celui de la renaissance des Jeux olympiques qui aurait été acquise presque subrepticement grâce à l'habileté de Coubertin. Celui-ci aurait été à la manœuvre dans une commission de travail secondaire pendant que la majorité des délégués, notamment anglais, discutaient dans une autre salle de choses plus importantes à leurs yeux, mais futiles au regard de la postérité : l'établissement de règles communes pour le sport amateur. En réalité, les deux aspects étaient profondément liés dans l'esprit des participants français : la restauration des Jeux représentait pour eux la meilleure solution, adaptée au contexte culturel et éducatif hexagonal, pour mettre en pratique « le principe d'amateurisme », raison officielle de la réunion.

Faire référence à la Grèce antique n'était en rien anodin dans ces années-là : en 1891 était entrée en vigueur la réforme du baccalauréat, qui distinguait désormais deux diplômes de fin d'étude secondaire, le premier « classique » (avec latin et grec obligatoires) et le second « moderne » (sans langues anciennes). Le gouvernement avait ainsi voulu répondre à l'augmentation du nombre de lycéens dans la décennie 1880 – on était passé de 2 % à presque 5 % de jeunes gens d'une classe d'âge qui fréquentaient les établissements d'enseignement secondaire –, de plus en plus issus des « couches nouvelles », comme les avait désignées Léon Gambetta en 1872, et se destinant à des carrières d'ingénieurs, de techniciens ou de commerciaux. Les polémiques enflammèrent le pays pendant une dizaine d'années, opposant schématiquement les fractions hautes des classes moyennes aux élites traditionnelles, qui craignaient de voir leurs rejetons concurrencés dans leur accès aux professions libérales. Les adversaires de la réforme n'avaient de cesse de stigmatiser la médiocrité des nouveaux bacheliers « modernes » qui auraient été inaptes à suivre des cours à l'université. Les facultés de médecine et de droit refusaient d'ailleurs de les inscrire en première année de licence, considérant qu'il était indispensable de maîtriser le latin et le grec pour devenir médecin ou avocat. Pour Eugène Garsonnet, le doyen de la faculté de droit, il fallait s'assurer de n'accueillir que des étudiants « qui aient une certaine valeur sociale ». Quant à Alfred Croiset, son collègue de lettres, il réclamait un renforcement du poids des humanités classiques dans toutes les filières, affirmant redouter un « abaissement du niveau inévitable et fatal ».

Pierre de Coubertin, passionné par les questions de pédagogie, était bien entendu parfaitement conscient des enjeux charriés par ces débats et n'avait pas manqué d'inviter Garsonnet et Croiset au congrès de 1894 : on les retrouve tous les deux dans les premiers rangs du public assistant aux débats de la commission chargée d'examiner la question de la refondation des Jeux olympiques. Ils ne sont d'ailleurs pas les seuls universitaires à avoir été associés à cet événement mondain. Beaucoup de spécialistes de l'Antiquité grecque ont tenu à être présents : l'archéologue Théodore Reinach qui, un an plus tôt, lors des fouilles de Delphes, dont la France avait obtenu la concession en 1891, a déchiffré un *Hymne à Apollon* mis en musique par Gabriel Fauré lors de la séance inaugurale – dix ans plus tard, il fera bâtir la villa Kérylos à Beaulieu-sur-Mer ; le linguiste Michel

Bréal – futur créateur de l'espéranto –, qui a notamment travaillé sur le mythe d'Œdipe et offre une coupe d'argent à remettre au futur premier vainqueur d'une course dont il a eu l'idée : le marathon ; Octave Gréard, qui prononce l'un des discours d'ouverture le samedi 16 juin et avait soutenu sous le Second Empire un doctorat sur la morale de Plutarque ; Alfred Croiset lui-même, qui avait fait sa thèse sur le caractère et le talent de Xénophon.

Certaines de ces sommités ont également été les architectes des réformes de l'enseignement portées une décennie plus tôt par Jules Ferry, dont Bréal et Gréard ont été les compagnons de route. En 1872, dans ses *Quelques mots sur l'instruction publique en France*, le premier avait réfléchi sur les moyens de moderniser l'apprentissage des langues anciennes, afin de les ouvrir au plus grand nombre ; le second, qui en 1894 est vice-recteur de Paris et, en tant que directeur de l'enseignement secondaire au ministère de l'Instruction publique, a conduit la réforme du baccalauréat tant décriée. On n'a donc pas affaire à de fieffés réactionnaires, mais à des républicains opportunistes – ils doivent ce nom (qui prête à contresens) à leur volonté de ne pas brusquer les choses, de faire les réformes que tous les républicains veulent, mais *en temps opportun*, lorsque tout le corps social les acceptera. Avec la réforme du baccalauréat, ils ont par conséquent proposé un compromis destiné à assurer des débouchés aux enfants des classes moyennes avec la « voie moderne », tout en préservant le prestige et les privilèges attachés à la « voie classique », qui représente encore environ les deux tiers des lycéens. Comme le fera remarquer plus tard un de leurs successeurs au ministère, le sénateur radical du Cantal Eugène Lintilhac – lui avait étudié en thèse « le miracle grec d'Homère à Aristote » –, seuls les fils de bonne famille étaient à même de « recevoir l'enseignement gréco-latin », et les nouveaux venus, en s'y « fourvoyant », « couraient le risque d'être fatigués, rebutés, stérilisés même ».

Au milieu des années 1890, le grec et le latin représentent encore un des critères permettant de sélectionner, d'orienter et de réguler le flux des bacheliers sur des bases sociales. Dans ces conditions, mobiliser un imaginaire antique qui inspirerait les futures compétitions sportives, comme y invite Pierre de Coubertin, revenait à signaler, au moins implicitement, qu'il ne serait pas donné à tout le monde de faire du sport, pas plus que d'aller à l'université.

Le projet initial prévoyait que ces Jeux olympiques rénovés auraient lieu en 1900, dans le cadre de l'Exposition universelle. L'annonce de l'organisation de celle-ci par la France, avec pour thème le « Bilan du siècle », avait été faite le 13 juillet 1892 : dès l'automne, Pierre de Coubertin avait par conséquent commencé à réfléchir à la forme et à la nature des épreuves sportives qui s'y dérouleraient, son objectif étant que l'USFSA s'en voie confier le pilotage. Dans cette perspective, le congrès de 1894, qui apportait en outre une caution internationale à l'entreprise, permettait de se manifester assez tôt, pour occuper le terrain en quelque sorte, d'autant que lors du premier rendez-vous du baron avec le commissaire général de l'Exposition, Alfred Picard, au mois de janvier 1894, ce dernier lui avait paru réticent à son endroit. En raison des pressions diplomatiques de la Grèce, ces premiers Jeux se tinrent finalement à Athènes dès 1896, ce qui ne posa pas de problème aux congressistes français : les Grecs tiendraient lieu de banc d'essai – de plus, la périodicité ainsi fixée (tous les quatre ans) pouvait se justifier par l'exemple antique. Une autre raison expliquait néanmoins l'urgence qu'il y avait à se réunir rapidement : les nouvelles venues d'Angleterre et des États-Unis n'étaient pas bonnes.

Dans ces deux pays, les responsables sportifs se disaient en effet effrayés des ravages provoqués par le développement accéléré du professionnalisme, qu'on accusait de corrompre des pratiques dont la pureté originelle serait ainsi irrémédiablement altérée. Tous ces *gentlemen* étaient évidemment de mauvaise foi. Si la culture sportive s'était diffusée dans d'autres milieux sociaux, c'était en raison de stratégies industrielles qu'ils avaient eux-mêmes mises au point pour gagner de l'argent, que ce soit avec le système des paris dans le cas des courses hippiques et des matchs de boxe ou avec les tournées et les différents types de tournois pour le cricket, modèle appliqué ensuite au football, au rugby et, bon an mal an, à l'ensemble des disciplines. Ce qui inquiétait véritablement ces élites sportives était la perte progressive de l'autorité qu'elles exerçaient jusque-là sur leurs domaines d'activité. Confrontées à l'ascension des classes moyennes – sur le plan politique, ce phénomène s'était traduit au Royaume-Uni en 1886 par un élargissement du corps électoral de 10 % à 30 % de la population masculine adulte –, elles se retrouvaient contraintes de rechercher les moyens leur permettant de préserver leurs positions dans la hiérarchie du système sportif et de perpétuer ainsi leur domination sociale et culturelle.

Au tournant des années 1890, ce combat revêtait plusieurs formes. Dans le cas du cricket, où cohabitaient joueurs amateurs et professionnels au sein d'une même équipe, il fallait désormais marquer clairement qui était qui : les vestiaires des *players* étaient de plus en plus souvent séparés de ceux des *gentlemen*, et sur les programmes des rencontres seuls les prénoms de ces derniers étaient écrits en toutes lettres, les professionnels devant se contenter de leurs initiales ; mais le plus important résidait dans le fait que le contrôle du jeu par le très sélectif Marylebone Cricket Club demeurait incontesté. Dans le monde du rugby, on dut se résoudre, en 1895, à une stricte séparation entre le jeu à XV, dont les bastions se trouvaient dans le sud de l'Angleterre, notamment dans l'aire d'attraction londonienne, à proximité des *public schools*, et le jeu à XIII, ouvert au professionnalisme et répandu dans les régions industrielles des Midlands et du Nord. En ce qui concerne le football, enfin, la résistance s'incarnait dans la préservation d'îlots d'amateurisme perdus au milieu d'un océan professionnalisé, avec par exemple une célèbre équipe de Londres, qui acceptait seulement des rencontres amicales contre des formations professionnelles et avait tenu à affirmer elle aussi sa différence par le choix d'un nom emprunté à la culture légitime, celle des humanités classiques : il s'agissait des Corinthians. Après 1891 et l'introduction du penalty dans les règles, ses joueurs le tiraient systématiquement à côté de la cage lorsqu'ils s'en voyaient accorder un par l'arbitre : un vrai footballeur, qui était d'abord un *gentleman* tenu par l'éthique du fair-play, ne pouvait avoir volontairement fait faute sur un adversaire.

De l'autre côté de l'Atlantique, en revanche, face à la violence du football américain, qu'on dénonçait, et à l'esprit de lucre débridé caractérisant le baseball, qu'on stigmatisait – ces deux sports états-uniens dérivés du rugby et du cricket britanniques avaient donné naissance à de puissantes ligues professionnelles dans la décennie 1880 –, la solution résida dans la création de nouvelles pratiques, à l'amateurisme revendiqué, par la Young Men's Christian Association : en 1891 tout d'abord le basket-ball, régi par la règle du *no contact*, puis le volley-ball quatre ans plus tard – la présence du filet prémunissait contre toute atteinte à l'intégrité physique des volleyeurs.

On comprend pourquoi les élites sportives traditionnelles du monde anglo-saxon adhérèrent au programme proposé par Coubertin. L'ancrage de celui-ci dans un système de références liées à l'Antiquité, ce qui manifestait la prééminence symbolique d'une classe privilégiée, traduisait en termes culturels la nécessité sociale de trouver un cadre préservant l'entre-soi de la pratique sportive. Pour Coubertin et ses amis, pourtant, le danger était moins pressant puisque dans la France des années 1890, seuls le cyclisme et la boxe avaient commencé d'être « gangrenés » par des logiques financières – dans le cas du noble art, les imprésarios avaient réussi depuis au moins une décennie à se substituer aux formes de patronage aristocratique, ce qui était également le cas en Angleterre et aux États-Unis. Mais il valait mieux se protéger de dynamiques qui ne manqueraient pas de se déployer dans l'Hexagone : la refondation des Jeux dans la configuration envisagée représentait ainsi un moyen préventif de bloquer ce processus.

D'un point de vue plus général, pour l'ensemble des congressistes de 1894, si l'amateurisme était appelé à devenir olympique, ce serait à la condition que l'olympisme constitue le meilleur rempart contre la démocratisation du sport. On notera toutefois que les délégués du congrès prirent bien soin d'exclure du champ d'application de leur définition rigoureuse de l'amateurisme une discipline, l'équitation, que son coût d'entrée élevé rendait inaccessible au tout-venant.

De façon logique, le comité créé *ad hoc* pour organiser les Jeux, le CIO, prit la forme d'un club privé à l'anglaise, dont les membres étaient recrutés par cooptation et dont le fonctionnement reposait exclusivement sur les ressources propres de ses membres – de manière significative, jusqu'à la Première Guerre mondiale, la correspondance était à adresser à l'hôtel particulier du baron, 20, rue Oudinot, dans le 7e arrondissement de Paris. Il s'agissait d'un cercle de sociabilité transnationale réservé à ceux qui avaient le temps et les moyens de voyager pour s'adonner à leurs sports de prédilection, dont ils étaient de fervents amateurs. C'était surtout l'organisme dirigeant d'une internationale du sport, conservatrice sur le plan politique – une internationale « blanche » ou « noire » par conséquent –, composée de têtes couronnées, de diplomates de haut rang, de militaires haut gradés – comme le colonel suédois Gustav Balck, la cheville ouvrière des Jeux de Stockholm –, de grands propriétaires terriens vivant de la rente foncière – c'était le cas de Coubertin avec les terres attenantes au château familial de Mirville, dans le pays de Caux –, mais aussi d'industriels richissimes – à l'image de Sigfrid Edström, vice-président du comité d'organisation en 1912, directeur de la compagnie d'électricité suédoise ASEA, ou plus tard d'Avery Brundage, un magnat de l'immobilier et des travaux publics à Chicago, que la construction de gratte-ciel et des usines Ford avait rendu millionnaire.

Le président du CIO, Pierre de Coubertin – après l'intermède, de 1894 à 1896, du Grec Demetrios Vikelas, pour des raisons de préséance diplomatique –, dut patienter presque vingt ans avant de voir son dessein se réaliser. Le pilotage des épreuves sportives de l'Exposition universelle lui échappa en effet largement, celles-ci étant en outre noyées dans toutes sortes de concours mettant en avant des loisirs populaires, comme la colombophilie ou la pêche à la ligne. La majorité parlementaire dite de « défense républicaine », constituée après les soubresauts de l'affaire Dreyfus, avait voulu que l'Exposition se déroule à l'enseigne de la souveraineté du peuple : il était difficile, dans ces conditions, que le baron, si soucieux de sa bienséance, toute pétrie de valeurs aristocratiques, s'enthousiasme devant les compétitions de natation avec obstacles ou d'ascension aérostatique avec handicap. Cela ne put en outre que renforcer sa volonté de lutter résolument contre ce qu'il considérait comme l'expression du déclin à la fois politique et culturel de la République.

Lors de la conférence parisienne de 1906, les épreuves artistiques sont ainsi présentées comme devant restaurer le bon goût. En la matière, Coubertin avait des idées arrêtées, notamment pour tout ce qui avait trait à la peinture. Son père, Charles de Coubertin, avait occupé son existence de rentier à peindre des toiles dont certaines lui avaient permis d'être distingué par l'institution : entre 1846 et 1887, il avait ainsi été sélectionné vingt-trois fois au Salon des beaux-arts, obtenant même une récompense en 1856 – pour un tableau intitulé *La Messe pontificale du jour de Noël à Saint-Pierre de Rome* –, ce qui lui avait valu une commande du pape Pie IX en 1861. Dans ses *Mémoires de jeunesse*, rédigées à partir de 1933 et éditées récemment par l'historien Patrick Clastres, Coubertin fils se souvient d'avoir souvent entendu ses parents tempêter, dans les années 1870, contre Émile Zola et Édouard Manet. Le Zola en question, c'était celui de la brochure publiée en 1867, *Édouard Manet*, où l'écrivain rapportait que, quatre ans auparavant, au Salon, devant *La Musique aux Tuileries*, « un amateur exaspéré alla jusqu'à menacer de se porter à des voies de fait si on laissait plus longtemps le tableau dans la salle de l'exposition ». Dans leur ouvrage *La Carrière des peintres au XIXe siècle*, les sociologues états-uniens Harrison et Cynthia White ont très bien décrit ce qui se jouait là. Se rendre au Salon, apprécier les œuvres exposées, en acheter parfois témoignait de la confiance qu'on avait dans la sûreté des jugements esthétiques des groupes sociaux supérieurs détenteurs du « bon goût » et de la bienséance. De la stabilité et de l'homogénéité de ces jugements dépendait en effet la pérennité d'un système institutionnel qui assurait l'accès au marché de l'art pour les classes moyennes montantes, fascinées par un capital culturel – en l'occurrence la peinture – qui était celui de l'aristocratie jusqu'au XIXe siècle. Les réactions outragées d'une partie du public face à certaines œuvres jugées déviantes traduisaient ainsi l'attachement de la petite et moyenne bourgeoisie au modèle social et culturel hiérarchisé dans lequel elle désirait s'intégrer. Les époux White expliquaient enfin que si l'État renonça à exercer sa tutelle sur le Salon en 1881, laissant le marché privé se développer – autour des galeries, des marchands d'art et des impressionnistes –, c'était du fait de l'incapacité qu'avait le système des Beaux-Arts d'écouler une production toujours plus abondante dans un contexte de demande sociale de capital artistique en forte augmentation.

Or ce que propose Coubertin en 1906 vise à recréer, dans la sphère olympique, un mode de fonctionnement disparu depuis une vingtaine d'années. « Soyons de bons guides », exhorte-t-il alors, « sachons poser ici et là des jalons opportuns et l'opinion obéira à l'impulsion que nous aurons donnée ». En 1912, les instructions pour le concours de peinture indiquent que cette (contre-)offensive culturelle porte à la fois sur le type de peinture attendu – figurative –, le sujet traité – qui doit être inspiré de la mythologie : l'affrontement entre les Grecs et les Amazones ou bien le combat entre Héraclès et Antée – et le format de l'œuvre – de grande dimension.

Il faut toutefois attendre les Jeux de Paris, en 1924, pour que l'ambition coubertinienne se réalise pleinement – pour la dernière fois avant qu'il ne cède la présidence du CIO l'année suivante au comte belge Henri de Baillet-Latour, il a les coudées franches. L'aspect le plus important pour Coubertin tient à la composition du jury. Sous la présidence du marquis Melchior de Polignac – ce collectionneur d'art réputé, par ailleurs propriétaire de la maison de champagne Pommery, était entré au CIO en 1914 en raison de ses investissements dans le monde du sport (en 1931, il créera le club du Stade de Reims) –, y siègent le représentant du ministère des Affaires étrangères, Jean Giraudoux, et surtout le directeur de l'Académie des beaux-arts, Georges Salles, ce qui introduit une forme de patronage étatique. Dans les différentes disciplines, ce comité des arts s'adjoint l'aide de personnalités reconnues, notamment en lettres où nombre de figures éminentes de la vie intellectuelle sont présentes : aux côtés de Gabriele D'Annunzio et des prix Nobel de littérature 1909 – la Suédoise Selma Lagerlöf, première femme à l'avoir reçu – et 1911 – le Belge Maurice Maeterlinck –, on trouve Maurice Barrès, Paul Claudel et Paul Valéry. En musique, le jury fut extrêmement sévère : les sept œuvres jouées au Théâtre des Champs-Élysées au mois de mai devant, entre autres, Béla Bartók, Georges Enesco, Arthur Honegger, Gabriel Fauré, Maurice Ravel et Igor Stravinsky, furent toutes considérées d'un niveau trop médiocre pour mériter de se voir décerner la moindre récompense.

Pendant sept olympiades – des Jeux de Stockholm en 1912 à ceux de Londres en 1948 –, se met ainsi en place une sorte de Salon international des arts, auquel presque 2 000 architectes et artistes ont été admis à concourir et à qui 147 médailles et 100 mentions honorables ont en tout été remises. Dans l'entre-deux-guerres, ces épreuves ont même joui d'une bonne réputation dans les espaces germanique et scandinave, où des sculpteurs de premier plan, notamment des femmes, tenaient à y participer. Après les Jeux de Paris, la taille des jurys fut réduite : pour que les opérations finales (admission à concourir des œuvres envoyées et choix du palmarès parmi celles-ci) restent raisonnables, un premier tri était effectué parmi les concurrents à une échelle nationale. En Italie par exemple, en 1948, le concours ouvert le 25 février à la Galerie nationale d'art moderne de Valle Giulia permit d'éliminer 86 œuvres sur 202 et donc d'en autoriser 116 à entrer en compétition à Londres. Le jury était présidé par le jeune Giulio Andreotti, ce qui n'avait rien de fortuit. Devenu sous-secrétaire d'État à la présidence du Conseil en 1946 en raison de ses liens de parenté avec le pape Pie XII, il était en charge, en plus des relations du gouvernement démocrate-chrétien avec le Vatican, du sport et de la politique culturelle italienne. Dans le domaine du cinéma, il bataillait contre les néoréalistes, coupables à ses yeux de donner une mauvaise image du pays et de n'être que de « lamentables politicards ». Le système de sélection mis en place au tournant des années 1930 lui convenait parfaitement, car il lui permettait d'exercer une tutelle étatique sur les productions artistiques qui représenteraient l'Italie sur la scène internationale.

Plusieurs raisons furent avancées pour justifier la suppression des épreuves d'art et d'architecture aux Jeux d'Helsinki en 1952. La première mettait en avant la faible qualité des œuvres primées, ce dont l'Académie royale de Suède avait averti Coubertin dès 1912 : en peinture, les règlements adoptés risquaient de dissuader de concourir les impressionnistes, les fauves et les cubistes, ainsi que les Sécessions allemande et autrichienne, ce qui fut le cas. La seconde raison, avancée par celui qui s'apprêtait alors à prendre la tête du CIO, Avery Brundage, tenait au fait que les artistes récompensés ou même simplement sélectionnés se prévalaient de leur médaille ou de leur présence aux Jeux pour négocier à la hausse leur cote sur le marché de l'art. Or il s'agissait précisément de la fonction de l'ancien Salon des beaux-arts, dont la structure avait inspiré les épreuves olympiques : celle de réguler l'économie de la culture en mettant en relation les artistes et le public, sous la tutelle d'une autorité garantissant la valeur de ce qui était exposé ou produit.

C'est sans doute la principale raison de la suppression brutale de ces concours artistiques olympiques quelques semaines avant le début de l'olympiade finlandaise : conçus dès l'origine comme un antidote aux évolutions sociales du monde de l'art à l'heure de l'avènement d'une culture de masse, ils étaient en réalité déjà anachroniques en 1906. Instaurés et maintenus contre vents et marées par Coubertin dans les premières décennies du XXe siècle, ils ont constitué, au sein d'un mouvement olympique qui ne pouvait cesser de se moderniser sous peine de disparaître, un reliquat des conceptions aristocratiques et élitistes de la culture héritées d'un monde disparu, celui du XIXe siècle. C'est sans doute aussi pourquoi ils n'ont laissé que peu de traces dans la mémoire collective et sont, à peine supprimés, tout aussitôt tombés dans l'oubli.

Chapitre 2

Itinéraire d'une jeune fille sportive (Anvers, 1920)

Le rapport officiel des Jeux olympiques d'Anvers l'atteste : un tournoi de tennis s'y est bien tenu du 15 au 23 août 1920. Le palmarès est formel : sa vedette incontestée en a été Suzanne Lenglen, qui est repartie avec trois médailles – deux d'or, en simple dames et en double mixte, et une de bronze, en double dames. Dans les articles de presse de l'époque puis dans les nombreuses biographies consacrées à la première championne française – tous sports confondus –, ces titres olympiques sont pourtant à peine mentionnés, comme s'ils avaient été une simple formalité pour celle qui domine alors le tennis féminin international ou, tout simplement, qu'ils ne comptaient pas pour grand-chose. Les adversaires battus par Lenglen en Belgique ne font effectivement pas partie du gratin mondial : les Américaines ne se sont pas déplacées et l'Anglaise balayée 6-3 6-0 en finale du simple, Edith Dorothy Holman, est plutôt une spécialiste du double et n'a jusqu'alors jamais été invitée au tournoi de Wimbledon. Or c'est là-bas, dans le sud-ouest de Londres, que se font et se défont les réputations, depuis 1877 pour les hommes et 1884 pour les femmes. Le championnat britannique commence en général à la fin du mois de juin et se termine au plus tard mi-juillet : Suzanne Lenglen a donc pu honorer de sa présence la compétition olympique, qui se déroule bien après, dans la seconde quinzaine d'août. Les joueuses américaines sont quant à elles déjà rentrées aux États-Unis pour leur championnat national, prévu à Philadelphie début septembre. Si le temps de trajet des navires transatlantiques avait été plus court – il faut alors compter une semaine pour rejoindre la côte est depuis l'Europe –, il n'est même pas sûr qu'elles fussent venues à Anvers, à l'image des meilleures Anglaises, qui n'ont même pas pris la peine de traverser la Manche.

La saison de Lenglen est en fait terminée. Si elle se décide à aller aux Jeux olympiques, c'est parce que ceux-ci s'annoncent comme une promenade de santé mais aussi parce que le Quai d'Orsay s'est permis d'insister auprès d'elle – toute médaille étant bonne à prendre dans l'optique du classement final des nations, où il faudra faire bonne figure. En outre, le tournoi se joue sur gazon, qui est devenu sa surface préférée : son jeu d'attaque y fait merveille et s'y déploie mieux que sur la terre battue de ses débuts et de ses premiers succès importants. Ceux-ci remontent au printemps 1914 quand, à l'âge de 15 ans, Lenglen remporte le championnat de France sur les terrains de la Croix-Catelan, propriété du Racing Club de France, dans le bois de Boulogne, puis, dans la foulée, le championnat du monde à Saint-Cloud. Après la pause imposée par la Première Guerre mondiale, elle prend enfin part, en 1919, à l'épreuve des challengers des Internationaux de Grande-Bretagne, qu'elle gagne haut la main, cette victoire lui donnant le droit d'affronter la championne sortante. Jusqu'en 1922, en effet, Wimbledon se joue selon la formule du *Challenge Round*, la grande finale opposant la tenante du titre à la plus valeureuse de celles qui prétendent lui succéder. Dans ce dernier match, Suzanne Lenglen a fort à faire avec Dorothea Lambert Chambers, la maîtresse des lieux, lauréate du tournoi à sept reprises – la dernière fois en 1914 – et championne olympique à Londres en 1908. Malgré ses 42 ans, elle reste une redoutable joueuse de fond de court et met à rude épreuve la Française, au physique fragile – elle souffre d'anémie, dont elle mourra en 1938 – et qui ne s'attendait pas être autant dominée. Lenglen s'en remet à quelques lampées de cognac et surtout se rue à l'attaque. Dans la troisième et dernière manche, elle sauve une balle de match, à 6-5 pour Lambert Chambers, d'une volée haute de revers qui contribue à écrire sa légende, avant d'arracher le set 9-7. L'année suivante, quelques semaines avant les Jeux, c'est à son tour de se trouver dans la position du *defender* face à la même adversaire, que cette fois-ci elle malmène 6-3 6-0. À Anvers, c'est donc sans surprise que Lenglen ne fait qu'une bouchée de joueuses d'un niveau bien inférieur : 6-0 6-0 en huitième de finale pour son entrée dans le tournoi, un score identique en quart et 6-0 6-1 en demi-finale – au bout du compte, elle perd seulement quatre jeux en autant de confrontations.

Pourquoi les meilleurs éléments ont-ils quasiment tous délaissé les Jeux olympiques en 1920 alors que cela n'avait été le cas ni à Londres ni à Stockholm ? La fondation de la Fédération internationale de lawn-tennis (le tennis sur herbe) – FILT – en 1913 en constitue la principale raison. Celle-ci avait résulté de la volonté de la fédération britannique, née en 1888, d'encadrer la participation de ses propres joueurs aux deux principales compétitions du temps : le tournoi de Wimbledon, qui devient ainsi l'unique épreuve véritablement mondiale à l'orée des années 1920, et la Coupe Davis, créée en 1900 par les Américains pour pouvoir se mesurer chaque année aux Anglais. Dans l'immédiat après-guerre, le circuit international du tennis commence par conséquent seulement à se structurer autour de ces deux événements phares. La Grande-Bretagne refuse dans un premier temps de reconnaître à la Coupe Davis le statut de championnat du monde officiel, ce qui n'adviendra qu'en 1923 et entraînera l'adhésion de la fédération américaine à la FILT. Les dirigeants de cette dernière voient donc d'un mauvais œil la concurrence du tournoi olympique dont l'organisation leur échappe complètement. Le CIO est en effet jaloux des prérogatives que ses fondateurs s'étaient attribuées à la fin du

XIXe siècle et qu'il entend faire valoir : celles de définir les conditions de la pratique sportive et de présider aux évolutions de celle-ci. Avec l'émergence de la FILT, le Comité international olympique se retrouve ainsi confronté pour la première fois à une autre institution qui se développe selon ses propres priorités et possède assez de ressources, matérielles et symboliques, pour se passer de l'organisme dirigé par Coubertin.

Le conflit s'envenime d'autant plus que la Fédération internationale de tennis doit elle-même lutter pour devenir incontournable dans son domaine de compétence. L'exemple français le démontre bien : des centaines de clubs, si ce n'est des milliers, préfèrent rester à l'écart de la nouvelle fédération apparue en 1920, dont ils ne voient pas bien ce qu'elle leur apporterait. Seuls 176 d'entre eux la rejoignent et la plupart des autres continuent de gérer leurs affaires de manière autonome – avec souvent l'organisation d'un tournoi annuel pour lequel chaque club définit des règles qui lui sont propres. Parmi ceux-ci, ceux fondés par des Anglais sur la Côte d'Azur – où l'on joue sur terre, le climat étant trop chaud pour entretenir des terrains au gazon aussi soyeux que dans la mère patrie – sont particulièrement prestigieux, notamment ceux de l'hôtel Beau Site et du Carlton à Cannes, auxquels Suzanne Lenglen doit le début de sa notoriété lorsqu'elle les remporte à l'hiver 1914. Les affiliations à la Fédération française de lawn-tennis – elle ne perdra qu'en 1976 le qualificatif « sur herbe », qui signifie simplement que les règlements adoptés sont ceux en vigueur à Wimbledon – progressent néanmoins fortement dans la première moitié des années 1920 : les gros clubs y voient un moyen de fidéliser leurs meilleurs joueurs qui pour leur part cherchent à pouvoir participer aux compétitions reconnues par la FILT, Wimbledon puis la Coupe Davis au premier chef.

Alors que se structure ainsi progressivement un circuit international, la FILT veut avoir la main sur l'épreuve olympique, ce que le CIO refuse obstinément. Les deux organisations s'opposent par exemple sur des questions de calendrier. En 1924, les Jeux de Paris doivent commencer la veille de la finale de Wimbledon : ni le CIO ni la FILT ne cèdent, avec pour conséquence que les meilleurs joueurs anglo-saxons ne se présentent pas dans la capitale française – laissant le champ libre aux premiers exploits en double messieurs de ceux qu'on appellera ensuite les « Quatre mousquetaires » (Henri Cochet, Jacques Brugnon, Jean Borotra et René Lacoste). Une seule vedette participe, en l'absence de Suzanne Lenglen, malade : l'Américaine Helen Wills, qui, comme sa rivale française, est habillée par le couturier Jean Patou – les deux disputeront en 1926 au Carlton de Cannes le « match du siècle ».

L'affrontement entre la FILT et le CIO aboutit en 1928 à l'exclusion du tennis du programme des Jeux d'Amsterdam, ce qui indique la mainmise qu'a fini par exercer la fédération internationale sur son sport, au grand dam des dirigeants olympiques, incapables de proposer une compétition organisée sous sa tutelle et attirant les athlètes les plus en vue. Officiellement, le lawn-tennis est banni en raison du non-respect de l'amateurisme – les dispositions de la FILT prévoyaient en effet que les avantages en nature étaient licites, ce qui avait permis pendant des années à la famille de Lenglen de vivre à Nice dans la villa Ariem, mise à sa disposition par le Nice Lawn Tennis Club. Ce n'était en réalité qu'un prétexte, le CIO sachant se montrer souple lorsque les circonstances l'exigeaient. Ainsi, en 1924 et en 1928, le football figure encore au programme, alors même que, de notoriété publique, les double vainqueurs – les footballeurs uruguayens – perçoivent des salaires de leurs clubs. Mais le mouvement olympique ne peut se passer de ce sport, qui attire une large majorité des spectateurs assistant aux Jeux et représente plus de la moitié des revenus de ces derniers. En 1928, lors de son congrès tenu à Amsterdam, la Fédération internationale de football association (FIFA) décide d'ailleurs de créer son propre championnat du monde, qui doit avoir lieu en 1930 – il s'agit de la Coupe du monde –, afin de profiter seule de cette manne financière. De dépit, le CIO procède à l'éviction du football des Jeux de 1932 prévus à Los Angeles, avant de négocier un compromis avec la FIFA pour ceux de Berlin.

Il est en revanche un point sur lequel le Comité olympique ne transige pas : celui de la participation des femmes à ses compétitions et plus précisément de celles issues des classes moyennes ou des milieux populaires. Tout à son projet rétrograde de restauration des hiérarchies traditionnelles sous couvert de modernité sportive, le CIO n'est pas hostile à la pratique féminine tant que celle-ci concerne des disciplines dont il est sûr qu'elles sont l'apanage de la bonne société. C'est par exemple le cas avec les régates de voile, dans lesquelles s'illustre en 1900 Hélène de Pourtalès, une skippeuse américano-suisse qui navigue avec son mari, comptabilisée en 1920 dans le décompte des médailles des Jeux de Paris, lorsque le CIO tente de faire croire que ces derniers ont réellement eu lieu. De ce point de vue social et culturel, Suzanne Lenglen est considérée comme irréprochable. Née en 1899 dans le 16e arrondissement de Paris d'un couple de catholiques bon teint qui vivent de leurs rentes – un immeuble mis en location rue du Ranelagh –, elle mène une vie d'adolescente de bonne famille intégrée progressivement dans les cercles mondains, notamment pendant la saison hivernale que les Lenglen ont l'habitude de passer sur la Côte d'Azur. Son père l'initie très jeune à différents types de sport, selon une logique de touche-à-tout propre aux *sportsmen* anglophiles de l'époque : golf, natation, équitation et tout naturellement tennis, que la jeune fille pratique sur le terrain de la propriété familiale de l'Oise du printemps à l'automne. Elle se spécialise peu à peu dans celui-ci, en raison du plaisir que ce divertissement lui procure et avec la bénédiction paternelle. Voulant sans doute effacer avec sa fille unique la frustration de ne pas avoir eu de fils – un petit frère est mort en bas âge en 1904 –, Charles Lenglen supervise l'entraînement quotidien de Suzanne – qui ne joue qu'avec des hommes – dont il fait un enfant-prodige le remplissant de fierté. Les encouragements prodigués par les aristocrates anglais en villégiature dans le sud de la France les conduisent à entreprendre une carrière dans le monde chic et cosmopolite du tennis – Suzanne sur les courts, Charles en coulisse pour négocier les contrats. Si ce type de parcours sportif, caractéristique des élites parisiennes, ne dérange pas outre mesure les hiérarques olympiques, ceux-ci sont en revanche franchement indisposés par les revendications exprimées par des femmes issues des classes moyennes urbaines.

Sur ce plan émerge à la fin de la Première Guerre mondiale la figure d'Alice Milliat, une Nantaise d'une trentaine d'années, qui s'installe à Paris à son retour d'Angleterre où elle a été préceptrice au début du siècle. Elle y a découvert à la fois la culture sportive et l'engagement féministe des « suffragettes », deux dimensions qui nourrissent son combat à la tête de la Fédération des sociétés françaises des sports féminins (FSFSF), qu'elle contribue à fonder en 1917 avec l'objectif de favoriser la pratique sportive de toutes les femmes et pas seulement de celles des classes supérieures. L'idée est de démocratiser l'ensemble des disciplines et de ne pas se cantonner à la gymnastique hygiénique censée préparer les corps féminins à leur fonction génitrice. Sur ces bases émergera une élite ayant vocation à participer aux Jeux olympiques, où les prestations des meilleures athlètes serviraient d'exemples à suivre tout en traduisant les progrès effectués dans l'acculturation sportive des femmes.

Ces propositions sont balayées d'un revers de la main par les membres du CIO. Ce refus catégorique tient à leur conception du sport de masse comme instrument de préparation des hommes à la guerre : les femmes ne prenant pas les armes, elles ne sont tout simplement pas concernées. Ainsi s'expliquent les jugements misogynes exprimés par Coubertin en 1912, selon qui « une olympiade femelle serait impratique, inintéressante, inesthétique » et, pour tout dire, « incorrecte ». Dans l'immédiat après-guerre, ces préjugés se trouvent renforcés par les préoccupations natalistes – engendrant la crainte que le sport, trop brutal, ne détériore les organes génitaux des futures mères –, le CIO se considérant d'autant plus légitime à refuser une participation féminine trop fournie à ses Jeux que le retour à l'ordre patriarcal, à l'œuvre dans les sociétés occidentales du temps, se traduit par un affaiblissement de la pratique sportive des femmes. En Grande-Bretagne par exemple, c'est en 1920 que celles-ci se voient interdire de jouer au football et au rugby, qui deviennent dès lors des conservatoires de la virilité.

En réaction, Alice Milliat crée en 1921 la Fédération sportive féminine internationale (FSFI), qu'elle préside, et dont le projet d'organiser des Jeux olympiques féminins se concrétise en 1922 à Paris, puis à Göteborg (1926), Prague (1930) et Londres (1934). Les quelques dizaines puis centaines de participantes y font la démonstration du caractère infondé des réticences masculines, qui s'appuient sur les avis d'une large partie du corps médical, notamment en ce qui concerne l'athlétisme. En 1931, le successeur de Coubertin à la direction du CIO, le comte belge Henri de Baillet-Latour, voit plutôt ces compétitions d'un bon œil, car elles servent sa volonté d'« exclure complètement » les femmes du mouvement olympique, tandis que son collègue Sigfrid Eström, également président de la Fédération internationale d'athlétisme, lui fait part de son souhait que « tout ceci disparaisse de la surface de la terre ». Le CIO craint néanmoins toute institution qui pourrait lui contester le monopole qu'il entend s'assurer sur toutes les formes de pratique sportive. En 1925, Baillet-Latour avait ainsi inauguré son mandat en demandant à Alice Milliat de modifier le nom de sa compétition, lui contestant le droit de la qualifier d'« olympique » – elle est rebaptisée « Jeux mondiaux féminins ». Faisant contre mauvaise fortune bon cœur, le CIO accède à la demande des comités d'organisation néerlandais et états-unien – deux pays où les femmes avaient obtenu le droit de vote en 1919 – d'autoriser l'inscription de ces dernières aux Jeux d'Amsterdam et de Los Angeles. Il veille cependant à ce que leur proportion ne soit pas trop importante et, en 1933, morigène entre autres la Fédération internationale de natation à ce sujet. Les femmes ne représentent ainsi que 10 % du total des athlètes en 1928 et n'atteignent la barre des 20 % qu'en 1976 à Montréal. Jusqu'au début du

XXIe siècle, toutes les raisons sont bonnes pour retarder l'entrée d'une discipline féminine : elles sont le plus souvent d'ordre médical, mais ont également trait à des considérations de décence et de convenance. Le premier marathon féminin n'est ainsi couru qu'en 1984, quatre-vingt-huit ans après celui remporté par Spirídon Loúis à Athènes, car les femmes ont longtemps été considérées comme inaptes à des efforts d'endurance ; l'haltérophilie et la boxe féminines, qui mettent en jeu des musculatures développées et la violence – et sont donc jugées inadaptées au « sexe faible » –, doivent quant à elles attendre 2000 et 2012 pour devenir olympiques. Sans surprise, les progrès ont été plus rapides pour les sports distinctifs des classes supérieures – en 1952, l'équitation devient avec la voile une des deux seules disciplines mixtes – ou exprimant un idéal de féminité traditionnelle : la gymnastique artistique, introduite également aux Jeux d'Helsinki.

La féminisation du mouvement olympique a par ailleurs été fortement soutenue par les pays socialistes, principalement pour des raisons idéologiques tenant à leur projet d'émancipation des femmes, relayés bon gré mal gré par le camp occidental qui ne peut se priver de la possibilité de gagner des médailles. Ce n'est pas sur ce terrain politique que se sont situées les pionnières rassemblées autour d'Alice Milliat dans l'entre-deux-guerres. Adeptes d'un féminisme gradué et des petits pas, elles se sont concentrées sur la réfutation des arguments médicaux qui leur étaient opposés. Restait également la force des symboles. Celui de Suzanne Lenglen fut fondamental dans la société française des Années folles : jouant en jupe et non dans une longue robe, elle est la première championne qui expose à la vue de tous ses jambes et ses bras dénudés. À Anvers, à l'occasion de la finale, elle se ceint aussi les cheveux d'un large bandeau, un accessoire vestimentaire promis à un bel avenir dans les générations suivantes.

Chapitre 3

Qu'est-ce qui fait courir Nurmi ?
(Paris, 1924)

Est-ce parce qu'il buvait du lait caillé ? Ou parce qu'il avait été nourri, depuis sa plus tendre enfance vécue dans la misère, quasi exclusivement de poisson cru et de pain de seigle ? Il devait bien y avoir une explication à tout ça, à ces cinq médailles d'or remportées en l'espace de trois jours sur des courses de demi-fond, aux Jeux olympiques de Paris : le 1 500 mètres puis le 5 000 mètres le jeudi 10 juillet, le cross-country de 10 kilomètres en individuel et par équipe deux jours plus tard, et enfin le 3 000 mètres par équipes le dimanche 13 juillet 1924. On a peine à se représenter aujourd'hui la renommée qui était celle de Paavo Nurmi dans la première moitié du XXe siècle. Pendant plusieurs décennies, tous ceux qui voulaient entreprendre une carrière dans l'athlétisme cherchèrent à l'imiter, sans toutefois jamais parvenir à égaler leur modèle. Il est vrai que sa longévité au plus haut niveau ne laisse pas d'impressionner : quatre ans avant Paris, cinq médailles dont deux d'or aux Jeux d'Anvers, puis trois autres encore à Amsterdam en 1928 – huit titres olympiques au total, auxquels s'ajoute une liste interminable de records du monde en tout genre, dont certains furent battus seulement dans les années 1950.

Pour rendre compte de ces performances hors du commun, la facilité consistait bien sûr à les attribuer au pur talent du jeune homme, à son don exceptionnel pour la course qu'il avait manifesté très tôt : ne disait-on pas qu'à 11 ans il parcourait le 1 500 mètres en presque cinq minutes ? Dans la décennie suivante, beaucoup de commentateurs auront recours à ce type d'observations individualisantes à propos d'Eddie Tolan et de Jesse Owens, les premiers Noirs à gagner des épreuves de sprint individuel dans une compétition internationale. Le cas de Paavo Nurmi présentait toutefois la difficulté qu'il n'était pas le seul Finlandais à briller : entre les Jeux de Stockholm en 1912 et ceux de Berlin en 1936, lui et ses compatriotes glanèrent une quarantaine de médailles sur les moyennes et longues distances, avec des champions comme Hannes Kolehmainen, dont les coups d'éclat en Suède lui avaient valu le surnom de « Finlandais volant », ou Vilho Ritola qui, à Paris, s'imposa dans le 10 000 mètres et le 3 000 mètres steeple. En 1924, certains journalistes firent donc l'hypothèse d'une prédisposition biologique collective des Finlandais pour la course, qui les rendrait plus doués que d'autres peuples pour les efforts prolongés, évoquant une filiation avec une souche mongole.

Ces grilles d'interprétation racialisée fleurissent dans les années 1920 à l'occasion des Jeux olympiques, qui deviennent à ce moment-là la scène symbolique sur laquelle est remis en jeu tous les quatre ans le prestige des nations. La Finlande avait contribué à la mise en place de cette configuration dès l'olympiade de Stockholm, disputée dans la capitale du royaume dont elle avait fait partie pendant six siècles jusqu'en 1809 : à l'occasion de la cérémonie d'ouverture, la délégation finlandaise avait demandé à défiler sous son propre drapeau et non sous celui de la Russie, arguant que le grand-duché de Finlande jouissait d'un statut d'autonomie au sein de l'empire tsariste. Face au refus du CIO, les athlètes finnois avaient décidé de marcher ensemble quelques mètres derrière les Russes, pour bien marquer leur différence. Dès 1912, on n'a donc plus affaire à des athlètes qui participent à titre individuel, mais aux représentants d'une nation ou, en l'occurrence, à ceux qui cherchent à en incarner une, encore en devenir. En 1920, l'exclusion des sportifs issus des anciennes puissances centrales (Allemagne, Autriche et Hongrie) renforça ce processus qui transformait les Jeux en une arène où les nations se jaugeaient et se mesuraient les unes aux autres. Dans ce cadre, l'irruption tonitruante dans les palmarès des épreuves d'athlétisme d'un petit pays pauvre à peine indépendant restait proprement inconcevable. En revanche, lorsque l'Anglais Harold Abrahams et l'Écossais Eric Liddell – les protagonistes du film *Les Chariots de feu* réalisé par Hugh Hudson – gagnèrent respectivement le 100 mètres et le 400 mètres à Paris, cela relevait de l'ordre des choses : aucun besoin de faire appel au *roastbeef* ou au *plum pudding* pour analyser leur victoire.

Dans le cas des Finlandais, la plupart des tentatives d'explication firent appel, en plus des arguments de nature alimentaire à base de poisson séché, à des facteurs sociaux-environnementaux. Il s'agissait de bons coureurs, d'athlètes coriaces et durs au mal parce que, dès la première enfance, dans ce pays rural à l'habitat dispersé, il fallait marcher longtemps depuis sa ferme isolée jusqu'à une école forcément distante de plusieurs kilomètres ; parce que, à cette latitude caractérisée par de rudes hivers, il n'était pas rare de se rouler dans la neige après avoir pris un bain dans la glace ; enfin parce que se flageller avec des brindilles souples dans un sauna étouffant aidait à forger le caractère. De fait, un tel déterminisme ne faisait que reproduire, en les déplaçant, la logique des interprétations biologisantes, l'objectif restant le même : prouver, pour la rendre acceptable, que la réussite des Finlandais relevait de différences naturelles, héritées de la confrontation sur la longue durée avec un environnement particulier.

Le sociologue Manuel Schotté a montré comment des analyses analogues ont été formulées pour décrire l'émergence des Marocains sur les épreuves de demi-fond dans les années 1980, après celle des Éthiopiens et des Kényans à partir des années 1960. Si l'on y retrouve les fils de paysans, sous les traits de bergers guidant les troupeaux dans le cadre d'une agriculture extensive, c'est dans ces cas-là l'altitude, que ce soit celle des hauts plateaux de l'Atlas ou de l'Est africain, qui est invoquée comme fondement de l'excellence sportive. L'aporie de ce genre de raisonnements apparaît clairement pour peu qu'on adopte une perspective synchronique – qu'attendent donc les Népalais et les Boliviens pour gagner des médailles d'or ? – ou diachronique – pourquoi les Finlandais, où les saunas fonctionnent toujours et ont même été inscrits au patrimoine mondial immatériel de l'Unesco, ne participent-ils plus aux finales olympiques depuis une quarantaine d'années ?

Toute cette glose journalistique brouille plus qu'elle n'éclaire la manière dont des compétences sportives spécifiques s'acquièrent et se développent. Paavo Nurmi précisa par exemple que, selon lui, une seule de ses performances avait été favorisée par la fréquentation régulière des saunas publics de son pays natal, celle qu'il réalisa dans le cross-country, disputé un jour de canicule le samedi 12 juillet 1924 autour du stade de Colombes, par 45 °C, quand 15 des 38 concurrents avaient été contraints à l'abandon. Toutefois, si quelques-uns de ces clichés ont la vie dure, c'est qu'ils s'enracinent dans les stratégies narratives déployées autour des succès sportifs par certaines des élites des sociétés concernées. Dans le cas finlandais, l'insistance sur l'origine rurale des coureurs répondait au besoin éprouvé par les élites urbaines conservatrices au pouvoir d'entretenir le mythe d'une nation bucolique. Un bon exemple de cette vision idéalisée est fourni par le roman *Avoveteen* (*En eau profonde*), de l'écrivain Urho Karhumäki, qui gagna la médaille d'or au concours de littérature des Jeux de Berlin en 1936. L'intrigue met en scène le parcours d'un jeune paysan, Yrjö Niemelä, qui part à la ville pour gagner sa vie, y découvre l'athlétisme pendant son service militaire puis, horrifié par la civilisation industrielle, revient dans son village où il retrouve son amour de jeunesse et divise son temps entre les travaux des champs et de longues courses dans de vastes forêts, qui se terminent immanquablement par un plongeon dans un lac aux eaux glacées. Il finit, un peu par hasard, par participer à une réunion athlétique où il bat le record du monde et gagne sa sélection pour les Jeux olympiques. Cet ouvrage largement diffusé en Finlande à la fin des années 1930 entretient ainsi le stéréotype d'une société rurale harmonieuse, où paysans et propriétaires terriens collaborent pacifiquement, les bonnes performances sportives se nourrissant de ce terreau fertile.

Rien n'était plus éloigné de la réalité politique du pays qui, à partir du mois de janvier 1918, quelques semaines après l'indépendance, avait été ravagé par une guerre civile opposant la bourgeoisie urbaine nationaliste, dont la richesse reposait principalement sur la rente foncière, et les sociaux-démocrates réclamant une réforme agraire. L'affrontement entre les « blancs » et les « rouges », qui s'était soldé en quelques mois par la défaite de ces derniers, avait laissé le pays profondément divisé et lacéré par des rancœurs tenaces, en particulier à gauche, où l'on n'oubliait pas qu'environ 10 000 gardes rouges étaient morts dans des camps d'internement après la fin des combats.

Il faut préciser, au passage, qu'il n'y a rien d'étonnant à ce que le livre de Karhumäki ait été couronné à Berlin en 1936, tant l'imaginaire qui y était convoqué correspondait parfaitement à certains aspects de l'idéologie nazie, articulés autour du thème du *Blut und Boden* (« le sang et le sol ») et du retour à un passé fruste et travailleur. Le film documentaire officiel des Jeux nazis, *Olympia*, de Leni Riefenstahl, sorti en salle deux ans plus tard (sous le titre *Les Dieux du stade*, en France), s'ouvre d'ailleurs par une longue séquence filant la métaphore de la continuité entre la Grèce antique et une Allemagne ancestrale, où la nudité des corps souligne la proximité retrouvée avec les forces de la nature. En décernant le premier prix de littérature à *Avoveteen*, le régime hitlérien essayait ainsi de rendre tolérable la domination finlandaise en demi-fond, puisqu'elle était exercée par une « race saine ».

Les discours produits par les élites politiques conservatrices finlandaises dans l'entre-deux-guerres ont quant à eux conduit à masquer les conditions concrètes de l'éclosion d'une élite sportive nationale. Ainsi, à l'exception notable d'Albinus Stenroos, le vainqueur du marathon à Paris, presque tous les coureurs sélectionnés pour les Jeux olympiques avaient grandi, quelle que fût leur génération, dans un milieu urbain : Hannes Kohlemainen était par exemple originaire de Kuopio, le chef-lieu de la Savonie, au centre du pays ; Lauri Lehtinen, médaille d'or du 5 000 mètres en 1932, de Porvoo, sur la côte sud ; les deux héros de 1936, Volmari Iso-Hollo (3 000 mètres steeple) et Gunnar Höckert (5 000 mètres), respectivement de Ylöjärvi, dans la banlieue de Tampere, et d'Helsinki… Si le père de Paavo Nurmi avait bien été paysan, il avait ensuite émigré à Turku, un port du Sud-Ouest, pour y devenir charpentier et fonder une famille.

C'est en effet d'abord dans les villes que la bourgeoisie finlandaise a mis sur pied, à partir des années 1870, un système d'éducation physique visant à former les futurs cadres d'une armée nationale, alors que se construisait petit à petit le sentiment d'appartenance à une identité finnoise commune. La gymnastique suédoise étant considérée comme une activité d'entretien, trop pacifique, trois disciplines sportives avaient progressivement été ajoutées aux programmes scolaires : le ski de fond, la lutte et les courses d'athlétisme, avec l'objectif de pouvoir un jour mener les troupes au combat dans le grand Nord contre les Russes. En 1906 se structure un réseau national de clubs de sport, la Suomen Valtakunnan Urheiluliitto (SVUL – Fédération nationale sportive finlandaise), forte de 300 unités disséminées depuis les plus petites villes jusqu'aux grands centres urbains, qui, dans un pays rural à 85 %, recrutent en premier lieu les enfants des classes moyennes et supérieures, les futurs officiers, et auxquelles seuls les meilleurs éléments des classes populaires ont accès. En 1914, à l'âge de 17 ans, Paavo Nurmi est ainsi accepté au sein de la Turun Urheiluliitto, la fédération sportive de Turku, en raison uniquement des qualités qu'il a démontrées lors de tests de sélection : c'est seulement alors qu'il participe à ses premières compétitions officielles. À partir de 1912, les sélections olympiques finlandaises sont ainsi composées principalement d'athlètes issus de groupes sociaux privilégiés, même si la proportion de ceux qui viennent de milieux modestes augmente progressivement après que, en 1918, le chef d'état-major de la nouvelle armée finlandaise a ouvert le recrutement des associations de la SVUL, dans l'optique de renforcer les capacités physiques des conscrits qui devront à l'avenir défendre l'indépendance du pays.

Une exception de taille, toutefois, à ce schéma : Kohlemainen, le jeune maçon de Kuopio, qui fut formé dans un des clubs liés au Parti social-démocrate (SPD), le Kuopion Riento (le Rapide de Kuopio) – il en existe quelques dizaines, qui font partie de la Fédération sportive nationale au sein de laquelle ils ne sont que tolérés. À son arrivée dans la capitale en 1909, Kohlemainen est admis au Helsingin Kisa-Veikot (Les Petits Coureurs d'Helsinki), qu'il quitte cependant deux ans plus tard parce que plusieurs de ses coéquipiers s'étaient convertis en briseurs de grève lors des conflits sociaux en 1910-1911, ce qui lui valut de s'attirer les foudres des dirigeants de la SVUL. Bien qu'il ait adhéré alors à l'une des associations du SPD, la Jyry (la Combattante), il fut néanmoins sélectionné pour les Jeux de Stockholm, où il remporta trois médailles d'or (5 000 mètres, 10 000 mètres et cross-country).

À la veille de la Première Guerre mondiale, Paavo Nurmi rejoint par conséquent un système sportif déjà structuré, visant à obtenir de bons résultats aux Jeux olympiques, et qui ne cesse de se renforcer par la suite sous l'impulsion du gouvernement de la république indépendante. À partir de 1919 est ainsi salarié au sein de la Fédération sportive nationale un groupe d'instructeurs chargés de perfectionner les méthodes d'entraînement de l'élite athlétique, en lien avec les clubs de la SVUL et les casernes militaires où sont mises en pratique leurs recommandations, dans un contexte d'émulation et de circulation des savoir-faire dans l'espace scandinave. Les cycles d'exercices composant le *fartleck* – consistant à répéter des courses de vitesse selon un plan méticuleux –, mis au point par le Suédois Gösta Holmér – il avait fini 8e du pentathlon et 3e du décathlon à Stockholm en 1912 –, qui lui-même s'inspirait des « Finlandais volants », sont décortiqués et affinés par Nurmi et ses collègues. Par ailleurs, la maîtrise de toutes ces techniques ne se perd pas et est transmise de génération en génération : Kohlemainen, qui avait fini sa carrière en s'imposant au marathon d'Anvers en 1920, s'occupe ensuite de son successeur au palmarès olympique, Albinus Stenroos ; Nurmi lui-même, après sa disqualification de 1932 pour infraction aux règles de l'amateurisme, encadre, à partir de 1934, ses compatriotes en vue des Jeux de Berlin.

Contrairement donc à ce qui est exposé dans l'hagiographie que lui consacre en 1925 le journaliste Toivo T. Kaila, *Boken om Nurmi* (*Le Livre sur Nurmi*), « le jeune gars de Turku » n'est pas un surhomme, dont les succès ne se comprendraient qu'en fonction d'un talent phénoménal préexistant. Ce dernier est au contraire patiemment construit au sein d'un dispositif de formation adapté à l'apparition d'un milieu professionnel organisé, celui de l'athlétisme, qui donne sens à une vie d'efforts obstinés. Au cours de la décennie 1920, le nouveau monde de la course se met en place, avec ses saisons et son calendrier rythmés par les Jeux olympiques. Ceux-ci en constituent l'acmé et établissent une hiérarchie symbolique de la valeur sportive que les coureurs monnaient ensuite lors d'une série de meetings. Après son triomphe parisien de 1924, Nurmi effectue par exemple une tournée aux États-Unis longue de cinq mois, qui débute en janvier 1925 dans le Madison Square Garden de New York à guichets fermés et se termine par une réception à la Maison Blanche sur invitation du président républicain Calvin Coolidge.

Le champion finlandais réussit à s'imposer comme la vedette incontestée de ce circuit commercial, qu'il domine grâce à une maîtrise achevée du déroulement des épreuves. Son style de course se caractérise en effet par une foulée régulière et soutenue, dont il contrôle le rythme en permanence grâce à un chronomètre, la presse américaine finissant par le décrire comme un « Frankenstein mécanique créé pour abolir le temps ». C'est probablement à Paris, le 10 juillet 1924, lors de la finale du 5 000 mètres, qu'il fit la démonstration la plus aboutie de sa *maestria.* Tablant sur le fait qu'il serait fatigué après sa victoire, moins de deux heures plus tôt, sur le 1 500 mètres, Vilho Ritola et le Suédois Edvin Wide attaquèrent d'entrée, sur le rythme du record du monde, afin de le distancer : Nurmi ne paniqua pas, revint sur ses deux adversaires au train, en allongeant ses foulées petit à petit et en accélérant progressivement et de manière continue, jusqu'à finir en tête avec un mètre d'avance sur un Ritola qui s'était lancé dans un sprint désespéré et vain.

Pourquoi la « Machine à courir » de Turku allait-elle si vite ? En premier lieu, sans aucun doute, pour s'extraire de sa condition. En 1910, à la mort de son père, alors qu'il n'avait que 13 ans, il avait dû quitter l'école, où il obtenait de très bons résultats en mathématique, pour devenir livreur de pain puis ouvrier dans une usine d'armement. L'inscription dans le club sportif de sa ville natale lui ouvrit la possibilité d'accomplir son service militaire dans le régiment d'élite de Pori, sur la côte ouest – c'est en tant que soldat d'infanterie qu'il participe aux Jeux d'Anvers –, puis, grâce à ses premières médailles, d'être accepté dans une école d'ingénieur d'Helsinki, où il étudie, tout en s'entraînant tous les jours, jusqu'en 1923. Devenu ensuite dessinateur de machines industrielles, puis, à partir de 1926, courtier en actions à la Bourse, il gagne extrêmement bien sa vie.

L'aisance matérielle en fit-elle pour autant un bon bourgeois finlandais ? Les élites du pays se sont en réalité toujours méfiées de lui. En janvier 1918, quand les milices formées par les athlètes des clubs de la SVUL se transformèrent en armée nationale, quelques milliers de sportifs choisirent le camp du Parti social-démocrate et rejoignirent les gardes rouges. Ils furent d'ailleurs exclus à vie de la Fédération nationale et fondèrent, après la fin de la guerre civile, la Suomen Työväen Urheiluliitto (TUL – Fédération finlandaise sportive des travailleurs), qui refusa, jusqu'en 1990, que ses membres rencontrent ceux de la SVUL, et leur interdit de participer aux Jeux olympiques, considérés comme l'expression du « chauvinisme et du bellicisme nationaliste ». Si Nurmi ne prit pas parti au moment de la guerre civile, il refusa néanmoins de prêter le serment de fidélité à l'armée exigé au moment de son passage sous les drapeaux. Par la suite, il repoussa systématiquement les sollicitations médiatiques, au point que les journalistes anglais l'avaient affublé du surnom de « Fantôme finlandais », si ce n'est en 1935, après son divorce d'avec Sylvi Laaksonen, une fille de bonne famille – après seulement trois ans de mariage –, quand il déclara que « la vie mondaine » était « pourrie jusqu'à la moelle ». En outre, durant sa carrière, il avait accordé l'exclusivité de ses rares entretiens au périodique de la TUL, le *Työväen Urheilulehti* (*Magazine sportif des travailleurs*). Enfin, il ne cessa de mener une vie simple et austère : c'est par exemple seulement en 1932 qu'il quitta le petit appartement familial de Turku, où il vivait, quand il n'était pas en tournée, avec sa mère, son frère et ses deux sœurs dans 40 mètres carrés. Pour toutes ces raisons, les militants sociaux-démocrates finlandais l'ont, pour leur part, toujours considéré comme un des leurs.

Qu'est-ce qui faisait donc courir Nurmi ? La volonté de surmonter la mort de son père, la nécessité de nourrir sa famille, le désir de gagner sa vie, la fierté patriotique également : probablement un peu tout ça – mais aussi, et surtout, la soif de poursuivre son rêve d'adolescent, celui de ressembler à son idole Hannes Kohlemainen. En somme, Paavo Nurmi a été l'une des premières victimes de la légende olympique, qu'il a, par ses exploits, contribué à bâtir de manière décisive.

Chapitre 4

Les Jeux de 1936 n'ont pas eu lieu

Dans la salle d'attente de la gare de Toulouse-Matabiau, Eva Dawes patiente tranquillement avec ses quatre coéquipiers. Le voyage en train de nuit depuis Paris n'a pas été trop inconfortable puisqu'ils ont pu le faire en couchettes, grâce aux fonds du Canadian Jewish Congress. Avec le chef de délégation, Harry Sniderman, ils attendent leur correspondance pour Barcelone, où leur arrivée est prévue en fin d'après-midi, à temps pour pouvoir participer à la cérémonie d'ouverture le lendemain, le dimanche 19 juillet 1936. Dawes est en forme : elle a pu s'entraîner tous les jours sur le pont du *RMS Alaunia*, le paquebot de la Cunard qui a mis six jours pour effectuer la liaison entre Montréal et Le Havre. Peu avant d'embarquer, le 10 juillet, elle a réalisé à l'entraînement la meilleure performance mondiale de la saison (1,60 mètre), ce qui lui donne de bons espoirs de gagner une médaille aux Jeux. À la réflexion, elle n'est pas sûre qu'on donnera des récompenses aux vainqueurs. La compétition à laquelle elle s'apprête à participer se veut en effet différente de toutes les autres et on ne lui a rien dit à ce sujet. Mais un homme bien mis, qui se présente comme le consul britannique à Toulouse, l'interrompt dans ses pensées. Les informations qu'il délivre sont inquiétantes : la veille, dans l'après-midi, les garnisons espagnoles du Maroc se sont soulevées contre le gouvernement de *Frente Popular* élu au mois de février et des combats entre l'armée et la population civile sont signalés en Andalousie et à Madrid, même si la situation reste confuse. Dans le doute, il leur donne l'ordre de ne pas aller en Espagne et de rentrer chez eux. Quelques jours plus tard, à Londres, où ils cherchent des places sur le prochain transatlantique, Eva Dawes et ses camarades l'apprendront de façon certaine : les Jeux olympiques populaires de Barcelone ont été annulés.

Cette *Olimpíada popular*, qui aurait dû avoir lieu du 19 au 26 juillet 1936 dans la capitale catalane, constitua la menace la plus sérieuse à laquelle fut confronté le CIO dans son entreprise de devenir hégémonique sur le monde du sport. Des athlètes de premier plan ont ainsi choisi de ne pas concourir à Berlin. Eva Dawes n'est en effet pas n'importe qui dans sa discipline : elle avait fini 3e à Los Angeles en 1932 et aurait pu, avec la marque de 1,60 mètre qui était la sienne cette année-là, remporter la médaille d'or de l'épreuve de saut en hauteur aux Jeux olympiques du CIO organisés en Allemagne. Des fédérations entières ont également décidé de faire sécession, qu'elles soient internationales (celle de marche) ou nationales (cyclisme en Angleterre, natation au Portugal et lutte en France). Après des débats longs et houleux, l'International Amateur Athletics Federation (IAAF), pourtant dirigée par le Suédois Sigfrid Eström, un des dirigeants les plus influents du CIO, s'est même résolue à ne pas sanctionner les sportifs qui se rendraient à Barcelone. Pour les héritiers de Coubertin, le risque de perdre la main est réel. Ils ont été pris de court par l'initiative conjointe de la Generalitat de Catalunya et de l'Internationale rouge des sports, lancée tardivement au mois d'avril, d'organiser des contre-Jeux olympiques, quelques jours avant l'ouverture de ceux qui se tiendraient en Allemagne sous le patronage du CIO dans la première quinzaine d'août 1936.

Que cette olympiade soit qualifiée de « populaire » revêt bien sûr une signification politique. L'adjectif fait directement référence au mot d'ordre émis en France au mois d'octobre 1934 par le Parti communiste, entériné en juillet 1935 au cours du VIIe congrès du Komintern à Moscou, celui de rassemblement, face au péril fasciste, du peuple tout entier et non plus seulement du prolétariat. Cette stratégie d'unité d'action entre les partis représentant les intérêts des ouvriers et ceux portant les revendications des classes moyennes – qui conduit aux victoires électorales de coalitions de Front populaire en Espagne et en France au premier semestre 1936 et, deux ans plus tard, au Chili – se traduit également dans le domaine du sport. Dans ce cas, elle met fin à la division entre l'Union internationale ouvrière de sport et de culture physique ou Internationale sportive de Lucerne (ISL), d'orientation sociale-démocrate, fondée en août 1920, et l'Union internationale ouvrière et paysanne de culture physique ou Internationale rouge du sport (IRS), créée en 1921 par l'URSS.

Depuis le début des années 1920, ces deux organismes ont plusieurs fois tenté de s'opposer au modèle olympique défini par le CIO en organisant des olympiades alternatives : à Francfort en 1925 et à Vienne en 1931 en ce qui concerne l'ISL ; à Moscou en 1928 pour l'IRS, sous le nom de Spartakiades, ce qui renvoyait aussi bien au *Spartakusbund* de Karl Liebknecht et de Rosa Luxemburg constitué dans l'Allemagne de l'immédiat après-guerre qu'au meneur emblématique de la révolte des esclaves romains – il s'agissait ainsi de subvertir la référence à l'Antiquité par la convocation d'un imaginaire se réclamant de la lutte des classes.

Ces trois manifestations se sont déroulées sous l'étendard du pacifisme. Elles entendaient soustraire les ouvriers à l'influence jugée délétère du sport dit « bourgeois », qui les habituait à raisonner en termes de rivalités chauvines avec, par exemple, le classement général des nations établi depuis les Jeux de 1912. Il fallait rompre avec ce mode de fonctionnement caractéristique d'une culture de l'affrontement qui avait conduit à la boucherie de la Première Guerre mondiale. Le rituel mis en place par le CIO est ainsi détourné pour célébrer la solidarité internationaliste : à l'oriflamme olympique avec ses anneaux représentant les cinq continents, introduit à Anvers en 1920, se substitue le drapeau rouge – sur l'affiche des contre-Jeux de Francfort, il porte l'inscription « Debout les damnés » ; lors des cérémonies d'ouverture et de clôture, si les athlètes commencent par défiler derrière une pancarte indiquant leur pays d'origine, ils finissent par se mélanger les uns aux autres ; enfin, les hymnes nationaux sont bien sûr interdits et remplacés par l'*Internationale*.

Les olympiades ouvrières se veulent par conséquent des événements tout à la fois politiques, culturels et populaires, ce troisième aspect étant matérialisé par des cortèges débordant de l'enceinte fermée du stade pour aller à la rencontre des masses où les deux premières étaient susceptibles de se déployer de manière plus efficace. À Moscou, la cérémonie d'ouverture se déroule ainsi sur la place Rouge, tandis qu'à Francfort et à Vienne les athlètes paradent d'abord dans les rues avant de rejoindre respectivement le Waldstadion et le Prater. En 1925, ils brandissent des pancartes proclamant « Plus jamais la guerre » ou exigeant le retour à la journée de travail de huit heures, obtenue en novembre 1918 mais supprimée par le gouvernement conservateur de Gustav Stresemann en octobre 1923 ; six ans plus tard, dans la capitale autrichienne, une banderole affirme que « le fascisme ne marquera pas de but, les footballeurs vous le garantissent ». Parallèlement aux épreuves sportives sont organisés à chaque fois toute une série de concerts, de représentations théâtrales et de spectacles édifiants mettant en scène le triomphe du socialisme sur le capitalisme : à Vienne, ce dernier est symbolisé par une tête géante juchée sur un échafaudage s'écroulant avec fracas sous les vivats de 4 000 sportifs – le Français Paul Faure, secrétaire général de la SFIO, reste bouleversé par cette « immense clameur du prolétariat socialiste qui brise ses chaînes et, victorieux, fonde un monde nouveau ».

Ces contre-Jeux constituèrent d'authentiques succès, rassemblant des milliers d'athlètes et des dizaines de milliers de spectateurs, ce qui ne doit pas étonner pour ce qui concerne l'Allemagne et l'Autriche, les mouvements sportifs ouvriers liés aux partis sociaux-démocrates de ces deux pays comptant environ 1,5 million d'adhérents en 1926 pour le premier et presque 300 000 en 1931 pour le second (sur un total de 1,9 million à cette date en Europe). L'apogée fut atteint à l'olympiade ouvrière de Vienne avec 77 000 concurrents, dont près de la moitié d'Autrichiens, et un public de 200 000 personnes assistant aux compétitions, notamment dans le stade du Prater, construit par la municipalité « rouge » pour l'occasion, et qui présentait la particularité de ne pas avoir de tribune d'honneur et d'être inséré dans un vaste complexe dédié aux pratiques sportives et de loisir des classes populaires de la ville.

En 1936, le programme de l'*Olimpíada popular* s'inscrit dans cet héritage. Il prévoit d'ouvrir les Jeux sur l'espace urbain – avec un défilé des participants depuis la place de Catalogne jusqu'au stade de Montjuïc en passant par les *ramblas* –, mais aussi d'associer un important versant culturel – avec de nombreux spectacles célébrant l'identité catalane – à la dimension sportive. Comme à Moscou et à Vienne, trois catégories d'épreuves sont ainsi définies, avec le souci de combiner pratiques de haut niveau et de masse : celles réservées à l'élite internationale d'une part, aux athlètes confirmés de niveau intermédiaire d'autre part, et enfin aux simples passionnés. Aux disciplines olympiques canoniques (athlétisme, natation, football) s'ajoutent les échecs, les jeux de boules et la pelote basque, dans ce qui aurait sans doute ressemblé à la grande kermesse parisienne de 1900.

Les organisateurs, qui reçoivent l'appui financier du gouvernement madrilène (400 000 pesetas) et de la Généralité de Catalogne (100 000 pesetas), publient au mois de mai un *Manifest* qui revendique clairement leur engagement contre le fascisme et le mouvement olympique officiel, les tares de l'un et de l'autre se renforçant mutuellement. Ainsi, c'est au nom d'un idéal olympique désormais dévoyé que sont dénoncés les Jeux de Berlin à venir, ces derniers n'en constituant que la « falsification honteuse », militarisée et commercialisée, raciste et misogyne. Face à cette dégénérescence est réaffirmée la conviction que le sport doit contribuer à l'émancipation du genre humain. Sur l'affiche officielle des contre-Jeux de Barcelone figure par exemple un anneau unique sur la bannière olympique – correspondant au O majuscule d'*Olimpíada* –, dont la hampe est tenue par un Blanc, un Noir et un Asiatique. Le manifeste souhaite par ailleurs que la participation des femmes soit la plus large possible, ce qui irait de pair avec la nécessité de leur donner des « droits égaux à ceux des hommes ». Enfin, l'objectif principal reste de démontrer la vitalité et la supériorité d'un sport olympique resté pur parce que fondamentalement populaire, au sens où cette catégorie est politiquement construite par la culture de l'antifascisme. Le comité d'organisation espagnol est ainsi satisfait du nombre d'athlètes qui se sont inscrits (6 000), plus élevé que celui de Berlin (un peu moins de 4 000). Il s'agissait indéniablement d'une réussite, étant donné qu'aucune délégation allemande, autrichienne ou soviétique n'avait fait le déplacement, alors que les plus gros contingents de sportifs concourant aux olympiades ouvrières étaient d'habitude originaires de ces trois pays. Dans les cas de l'Allemagne et de l'Autriche, ces absences s'expliquaient aisément puisqu'elles étaient depuis 1933 et 1934 sous le joug de dictatures qui avaient mis hors la loi les partis de gauche et, par voie de conséquence, toutes leurs associations, notamment récréatives. La défection de l'URSS était quant à elle officiellement due à des difficultés logistiques pour effectuer le périple jusqu'en Espagne. C'est donc davantage sur la force du mouvement visant à boycotter les « Jeux de la honte » que reposait la bonne participation annoncée en Catalogne.

Ces derniers avaient été attribués à Berlin au mois de mai 1931, lors de la réunion du CIO à Barcelone. Contre toute attente, la candidature germanique avait été préférée à celle de la ville catalane, pourtant solide puisqu'elle était adossée aux infrastructures construites pour l'Exposition universelle de 1930, en particulier sur la colline de Montjuïc. Les dignitaires olympiques avaient sans doute été effrayés par les tumultes sociaux provoqués par la proclamation de la République le mois précédent et par l'exil du roi Alphonse XIII. Ils le furent moins quand Adolf Hitler fut nommé chancelier du Reich le 30 janvier 1933 et reçut les pleins pouvoirs le 23 mars. Dans les mois suivants, l'American Jewish Congress (AJC) lança une puissante campagne de presse visant à faire pression sur l'American Olympic Committee (AOC) et surtout sur l'Amateur Athletic Union (AAU), les deux instances décisionnaires en la matière, afin que celles-ci refusent d'autoriser les athlètes états-uniens à se rendre dans un pays où l'antisémitisme et le racisme avaient de plus en plus force de loi. Les efforts de l'AJC furent relayés en 1935 par la National Association for the Advancement of Colored People (NAACP), à l'époque la principale organisation de défense des droits des Noirs, ce qui contribua à gagner la bataille de l'opinion – un des premiers sondages réalisés par Gallup cette année-là indiquait ainsi que 43 % des Américains étaient favorables au boycottage des Jeux de Berlin. Les partisans de ce boycottage pouvaient compter sur un soutien important, celui de Jeremiah Mahoney, le président de l'AAU, un démocrate catholique d'origine irlandaise qui était juge à la Cour suprême de l'État de New York. Celui-ci ferrailla pendant deux ans contre la direction du Comité olympique américain, dont certains membres ne cachaient pas leur admiration pour les régimes autoritaires européens, et particulièrement contre Avery Brundage qui, à l'approche de l'assemblée générale de l'AAU, prévue en décembre 1935, publia un pamphlet, *Fair Play for American Athletes*, dans lequel il affirmait la neutralité politique du sport et accusait les francs-maçons, les Juifs et les communistes de fomenter la campagne en faveur du boycottage, dans des termes proches de ceux qu'employait au même moment en Allemagne le ministre de la Propagande, Joseph Goebbels.

Le vote de l'AAU fut très serré. Le 7 décembre, les délégués des fédérations régionales exposèrent à tour de rôle leur position sur la motion de non-participation, qui, selon le décompte réalisé par Brundage, risquait de l'emporter le lendemain lors de l'assemblée plénière par 54,5 voix contre 41,5 – chacun disposait en effet d'un quart de vote. Dans la nuit, Brundage battit le rappel des associations sportives en les priant instamment de venir voter le 8 décembre. Celles-ci, emmenées par la Young Men's Christian Association (YMCA), s'exprimèrent massivement contre le boycottage (15 contre 1), ce qui permit au camp favorable à la participation aux Jeux d'obtenir une majorité de 58,25 à 55,75 – les voix restantes, celles du président et des sept anciens présidents de l'AAU (dont Brundage), se portèrent toutes, à l'exception de celle de Jeremiah Mahoney, sur la motion finalement victorieuse. Pesa en partie sur l'issue incertaine du scrutin la position des athlètes afro-américains, qui ne répondirent pas à l'appel de la NAACP. Plusieurs d'entre eux, qui s'entraînaient de manière intensive en vue des Jeux, ne comprenaient pas pourquoi ils auraient dû s'opposer aux discriminations raciales mises en place en Allemagne, alors qu'ils étaient dans leur propre pays victimes d'un racisme endémique. Dans les États du Sud, par exemple, ils ne pouvaient pas s'aligner dans les mêmes compétitions que les Blancs, ce qui expliquait que les épreuves américaines de sélection olympique ne pouvaient s'y tenir.

La campagne pour le boycottage rebondit ensuite en France, où l'opinion publique réagit extrêmement mal à la remilitarisation de la Rhénanie ordonnée par Hitler le 7 mars 1936, et prête enfin une oreille attentive à la lutte menée au nom de l'antifascisme depuis une bonne année par la Fédération sportive et gymnique du travail (FSGT). Concrétisant la dynamique de rassemblement populaire sur le plan des loisirs, cette dernière était née, à la fin de l'année 1934, de la fusion de la Fédération sportive du travail, d'obédience communiste, et de l'Union des sociétés sportives et gymniques du travail, liée aux socialistes. Le 27 mars 1936, avec la Ligue des droits de l'homme et la Ligue internationale contre l'antisémitisme, elle organise une conférence dont le mot d'ordre, « Pas un homme, pas un sou pour Berlin », convainc jusqu'au président de la FIFA, Jules Rimet. Les dirigeants de la FSGT, qui entretiennent de bons rapports avec Léo Lagrange, le nouveau sous-secrétaire d'État à la Jeunesse, aux Sports et aux Loisirs du gouvernement de Front populaire, fondent de grands espoirs dans le rendez-vous qu'ils obtiennent avec lui le 12 juin, quelques jours après l'investiture de Léon Blum. C'est la douche froide : le président du Conseil ne reviendra pas sur les engagements pris. Le 9 juillet, il proposera à la Chambre de voter le financement promis d'un million de francs pour la délégation française à Berlin, laissant deviner, par cette décision, ce que sera la ligne suivie dans les mois suivants en matière de politique étrangère – celle de l'alignement sur les positions des Britanniques, favorables à un apaisement avec l'Allemagne. Soucieux néanmoins de ménager la chèvre et le chou, Blum accepte d'accorder une subvention de 600 000 francs à la FSGT pour financer le déplacement à Barcelone. Grâce à cette somme, près de 1 500 athlètes, parmi lesquels figurent quelques militants antifascistes italiens en exil, sont sélectionnés et forment de loin la délégation étrangère la plus importante de l'*Olimpíada popular*. Peu avant leur départ pour l'Espagne, ils sont fêtés, le 5 juillet, lors d'une réunion de soutien à Garches, devant Léo Lagrange, Pierre Cot, le ministre de l'Air, et 30 000 personnes enthousiastes.

En fin de compte, un seul comité olympique officiel, celui du Mandat britannique de Palestine, composé exclusivement de Juifs, boycotte les Jeux de Berlin. Il est imité par quelques dizaines de sportifs qui y étaient attendus, dont certains, comme Eva Dawes, leur préfèrent ceux de Barcelone. L'annulation de ces derniers laisse en tout cas l'olympiade berlinoise occuper seule la scène médiatique mondiale. Sur ce plan, celle-ci constitua un immense succès pour le régime nazi, la presse du monde entier saluant en général l'efficacité d'une Allemagne redevenue pacifique – Goebbels, le temps des Jeux, avait veillé à faire disparaître toute trace des persécutions antisémites.

C'est seulement après la Seconde Guerre mondiale que s'est répandue aux États-Unis l'interprétation selon laquelle ces Jeux furent un désastre pour les autorités allemandes : Jesse Owens aurait battu symboliquement Hitler en personne en remportant quatre médailles d'or (sur le 100 mètres, le 200 mètres, le 4 × 100 mètres et en saut en longueur). Avery Brundage lui-même, une fois devenu président du CIO en 1952, alimenta cette légende, probablement pour faire oublier son rôle décisif dans l'échec du mouvement de boycottage. Il a été amplement repris jusqu'à aujourd'hui par toute une littérature journalistique hagiographique, par l'industrie cinématographique hollywoodienne et par bon nombre d'historiens, sans doute inquiets qu'on puisse imaginer qu'une partie de la société et des élites états-uniennes ait pu éprouver de la sympathie pour l'Allemagne nazie. Au demeurant, cette reconstruction *a posteriori* se concentre sur la seule figure d'Owens, laissant dans l'ombre les autres athlètes afro-américains, au prix d'approximations.

Il en est ainsi de l'anecdote selon laquelle le Führer aurait refusé de serrer la main du sprinter, après que celui-ci avait gagné le 100 mètres. En réalité, Hitler assista depuis la tribune d'honneur de l'Olympiastadion au début de la première journée d'athlétisme, le 2 août, où, après les cérémonies de remise des prix des épreuves du lancer du poids et du 10 000 mètres, il voulut féliciter personnellement les six médaillés (deux Allemands et quatre Finlandais), sans attendre la fin du concours de saut en hauteur qui s'éternisait. Il partit ensuite, peut-être parce qu'il avait un autre engagement, ou bien parce que les deux sauteurs allemands venaient d'être éliminés et qu'il ne voulait pas prendre le risque de devoir congratuler les deux concurrents alors en tête, Cornelius Johnson et David Albritton, qui finirent d'ailleurs aux deux premières places. Le soir même – la veille de la première victoire d'Owens –, le CIO pria Hitler de ne plus faire de distinctions entre les divers champions ; ce dernier ne reçut dès lors que les médaillés allemands, mais dans un cadre privé.

Plus généralement, qu'un Noir aille plus vite qu'un Blanc à la course ne perturbait en rien la propagande nazie ni la conception des hiérarchies raciales que celle-ci promouvait. Les Noirs étaient en effet censés être plus proches de l'état animal que leurs concurrents civilisés, ce qui leur donnait un avantage déloyal dans certaines épreuves sportives. D'après Baldur von Schirach, le chef des Jeunesses hitlériennes, le Führer ne cessa d'ailleurs de pester contre « les Américains, qui devraient avoir honte d'avoir autorisé des nègres à gagner des médailles en leur nom ».

Cette question des aptitudes naturelles de certaines « races » pour le sport animait les débats scientifiques depuis le milieu du XIXe siècle et avait même déjà donné lieu à des expérimentations dans le cadre olympique. En 1904, à Saint Louis, dans le Missouri, le premier président de l'Association anthropologique américaine, William J. McGee, et le directeur du Field Museum de l'université de Chicago avaient ainsi organisé des *Tribal Games* entre certains « spécimens » des diverses ethnies exposées (entre autres des Aïnous du Japon, des Tehuelches de Patagonie, des Pygmées d'Afrique centrale, des Zoulous et des Indiens Sioux, Navajos...). Les performances de ces derniers avaient été précisément mesurées afin de s'assurer du bien-fondé des théories sur le « bon sauvage » aux qualités athlétiques innées. À la grande déception des anthropologues, celles-ci se révélèrent médiocres, ce qui eut néanmoins le mérite de rassurer Luther H. Gulick, le directeur de l'éducation physique de la YMCA : le prosélytisme de son organisation, à la fois religieux et sportif – c'était par l'apprentissage méthodique d'un sport qu'on devenait un bon chrétien –, s'en trouvait conforté.

Dans le même ordre d'idées, à Berlin, l'humiliation subie par l'équipe allemande de hockey sur gazon face à l'Inde (8-1) ne remit pas en cause la vision nazie de la hiérarchie du monde : en vertu de la transposition en termes raciaux des théories sur les langues indo-européennes, les brahmanes étaient considérés comme appartenant à une « race aryenne », apparentée aux « Indo-Germains ». L'ambassadeur du IIIe Reich à

Bombay put donc envoyer sans se dédire un télégramme de félicitations au capitaine de la formation indienne – et acteur majeur de la finale, avec six buts marqués –, Dhyan Chand, pourtant issu d'une basse caste – détail qui aurait dû alerter le diplomate teuton.

Barcelone ou Berlin ?

Au-delà de ces élucubrations racistes, la question fondamentale reste de comprendre pourquoi Berlin l'a emporté sur Barcelone, non pas d'un point de vue politique dans le contexte des années 1930, mais sur le plus long terme, comme modèle d'événement sportif. Pour quelles raisons l'olympiade populaire catalane a-t-elle sombré dans l'oubli alors que les Jeux modelés sous l'égide du CIO sont devenus une référence incontournable dans le paysage symbolique mondial ?

Un premier facteur d'explication tient au fait que le mouvement olympique s'intègre, dès l'entre-deux-guerres, dans les stratégies d'expansion globale des industries culturelles états-uniennes. Los Angeles 1984 est généralement considéré comme une étape décisive dans ce processus, avec des innovations financières présentées comme nécessaires à l'équilibre du budget et reprises systématiquement depuis – à l'image du paiement par les collectivités locales de sommes importantes pour accueillir le passage de la flamme. En réalité, l'insertion dans des dynamiques commerciales est plus précoce et, si elle se situe bien en Californie, c'est dès 1932.

Le comité d'organisation de ces premiers Jeux de Los Angeles, constitué en 1923, était ainsi composé avant tout d'hommes d'affaires désireux de transformer ceux-ci en un divertissement planétaire accessible à tous, qui soit une source de profit, pour eux-mêmes bien sûr, mais aussi pour leur ville, alors en pleine croissance, et dont il fallait faire la promotion dans la perspective d'y attirer toujours plus de monde, de manière permanente ou simplement pour un séjour touristique. Le président du comité, William M. Garland, un entrepreneur immobilier spécialisé dans la construction de maisons individuelles en série, a l'idée de bâtir un village olympique destiné à héberger les athlètes masculins : dans une logique spéculative, les logements sont ensuite mis sur le marché à un prix élevé justifié par le prestige de leurs premiers occupants. Il finance également les travaux d'agrandissement du stade du Coliseum, dont la capacité est portée à 100 000 places, lesquelles sont mises en vente à un prix modique de un ou deux dollars pour s'assurer qu'elles soient toutes vendues dans un contexte de crise économique. Siègent également dans le comité les propriétaires des trois principaux quotidiens de Los Angeles, qui mettent sur pied en 1928 un bureau de presse très efficace. Pendant quatre ans, celui-ci inonde les rédactions de 6 000 journaux et périodiques du monde entier d'articles et de dossiers faisant la publicité de l'événement. Il met aussi au point, pour l'occasion, un système de télex particulièrement coûteux, utilisé pour transmettre quasiment en direct les résultats des épreuves sur tout le territoire des États-Unis mais aussi en Europe et en Asie.

Les responsables de la communication travaillent aussi en lien avec les techniciens des Majors hollywoodiennes pour réaliser de courts résumés filmés quotidiens qui sont ensuite offerts aux distributeurs étrangers pour qu'ils en nourrissent leurs actualités cinématographiques. Ces aspects audiovisuels sont coordonnés par un membre éminent du comité d'organisation, Louis B. Mayer, le directeur de la Metro-Goldwyn-Mayer (MGM), qui multiplie les expérimentations dans l'objectif d'accentuer le caractère spectaculaire des retransmissions assurées par ses équipes. Il propose par exemple de reprendre le dispositif de remise des médailles sur un podium, apparu aux Jeux de l'Empire britannique de 1930 à Hamilton, au Canada, en y ajoutant la levée des drapeaux des pays d'origine des médaillés et la diffusion de l'hymne national du vainqueur. Mayer veille aussi à associer les vedettes du sport et du cinéma dans des réceptions mondaines dont les images circulent largement : on peut y voir Paavo Nurmi côtoyer Douglas Fairbanks, Mary Pickford, Gary Cooper ou Cary Grant. Le but est que les deux formes de célébrité se consolident mutuellement au sein du système médiatique. Plus tôt dans l'année, la MGM a ainsi sorti *Tarzan the Ape Man* (*Tarzan, l'homme singe*), le premier d'une longue série de films, avec dans le rôle-titre Johnny Weissmuller, le multi-médaillé en natation aux Jeux de Paris. À peine ceux de Los Angeles finis, la Paramount Pictures fait passer des essais à une vingtaine d'athlètes pour trouver un rival au nouveau héros de la jungle : le choix se portera sur Buster Crabbe, médaille d'or dans le 400 mètres nage libre, qui incarnera plus tard Flash Gordon.

Toutes ces initiatives prises dans l'optique de démocratiser les Jeux en les insérant dans la culture de masse sont couronnées de succès : 1,25 million de spectateurs remplissent les gradins, soit presque le double de l'olympiade précédente à Amsterdam, où 660 000 personnes avaient principalement assisté au tournoi de football, qui disparaît du programme quatre ans plus tard en raison du conflit avec la FIFA. Cette absence ne dérange pas outre mesure le comité d'organisation états-unien, étant donné la faible popularité du *soccer* en Amérique du Nord. Cela dit, aucun sport collectif d'envergure ne le remplace en 1932, ce qui rend d'autant plus remarquables les chiffres de fréquentation par les Angelinos. En somme, les Jeux olympiques s'américanisent, dans le sens où un événement sportif jusqu'alors relativement marginal et élitiste se transforme à Los Angeles en un spectacle plébiscité par les classes moyennes du lieu et en un divertissement d'ampleur mondiale.

À ces dynamiques culturelles se sont en outre ajoutés des processus de commercialisation avancés. La chambre de commerce de la métropole californienne se réjouit ainsi d'avoir gagné des marchés en Europe, en Amérique latine et en Asie, un millier d'hommes d'affaires étrangers ayant profité de leur séjour pour nouer des contacts avec les industries de la côte est spécialisées en appareils de réfrigération, en produits d'emballage de fruits et légumes et en machines agricoles. Par ailleurs, beaucoup d'entreprises états-uniennes des secteurs de l'agro-alimentaire (comme Kelloggs ou Wheaties) ou du tabac (notamment Camel) développent des stratégies publicitaires autour des Jeux, la palme revenant à Coca-Cola, qui déploient dans toute l'agglomération de Los Angeles une armée de vendeurs en vestes et gants blancs proposant des réductions sur les boissons en échange de l'achat d'un billet d'entrée au Coliseum. La firme d'Atlanta devient également le fournisseur officiel de boissons sur les sites olympiques, Helms Bakery achetant de son côté l'exclusivité des livraisons de pain au village olympique. De plus, ces deux multinationales parviennent à signer le même type de contrat avec les représentants du comité d'organisation des Jeux de Berlin, venus à Los Angeles en observateurs attentifs. En termes de stratégies commerciales, de systèmes de communication et de fonctionnement de la billetterie, l'olympiade allemande s'inscrira dans une continuité totale avec celle de 1932, qui lui sert de modèle pour l'organisation générale et la levée de fonds.

Loin d'être perturbés par l'irruption affirmée de cette dimension financière, les dirigeants sportifs états-uniens – qui par ailleurs étaient bien souvent des industriels – la considéraient comme complémentaire de leur conception du sport. Il suffit pour s'en convaincre de lire l'essai que le président du

Comité olympique américain, Avery Brundage, propose au jury du concours de littérature, *The Significance of Amateur Sport* – pour lequel, on l'a vu, il est récompensé d'une mention honorable. Il y insiste notamment sur la valeur éducative des activités sportives : mettant en compétition des individus égaux entre eux, qu'unit leur respect des règles et que départagent leurs qualités propres, elles sont un moyen de former la jeunesse au fonctionnement d'une société pacifique, démocratique et concurrentielle sur le plan économique. Convaincu que la diffusion du sport constitue ainsi un vecteur efficace pour propager ces valeurs, qui infiltreront ensuite progressivement le corps social, Brundage conçoit par conséquent son investissement dans le projet olympique comme une croisade morale pour favoriser la paix, la démocratie et le capitalisme. Cette idéologie universaliste n'est pas sans rappeler celle qui est formulée au début des années 1920 dans certains cercles patronaux – dont Brundage fait partie – à propos du type de relations que les États-Unis devaient entretenir avec le reste du monde : une sorte d'internationalisme culturel fondé sur le libre-échange, selon lequel l'Amérique transformerait le monde en exportant son mode de vie – c'est alors qu'apparaît l'expression *American way of life* –, et non en s'ingérant dans la politique intérieure des nations étrangères. Ce qui se traduit chez Brundage par deux attitudes qui ne sont contradictoires qu'en apparence : isolationnisme politique et interventionnisme agressif en matière athlétique. Ainsi s'explique qu'il ait pu, à quelques années d'intervalle, être un opposant acharné du boycottage des Jeux de 1936 puis président du comité Keep America out of the War et l'un des animateurs, avec Charles Lindbergh, de l'America First Committee en 1940. Pour la majorité des élites sportives états-uniennes, il fallait aller à Berlin, car le sport ne constituait pas une distraction des maux du monde, mais un remède puissant contre eux.

Par ailleurs, la mondialisation du mouvement olympique n'est pas seulement commerciale, elle est aussi, plus discrètement, religieuse, et plus spécifiquement protestante. C'est en effet la Young Men's Christian Association, à la manœuvre dans l'entre-deux-guerres, qui permet au mouvement olympique de s'étendre en Amérique latine et en Asie. Le partenariat entre la YMCA et le CIO est scellé en 1920 à Anvers, où Elwood S. Brown, le directeur des affaires athlétiques du Bureau international de l'organisme missionnaire états-unien, est nommé chargé de mission par le CIO. Le rapprochement entre les deux organisations remontait à la tenue des Jeux interalliés à Paris, au bois de Vincennes, l'année précédente. Forte de l'expérience acquise dans les Foyers du soldat à l'arrière du front où elle encadrait les activités sportives, la YMCA avait proposé dès le mois d'octobre 1918 au général John Pershing, le chef du corps expéditionnaire américain en Europe, que se tiennent, une fois la paix revenue, ce que tout le monde appelle rapidement des « Jeux olympiques militaires ». En janvier 1919, Coubertin écrit à

Brown pour protester contre cette initiative qu'il perçoit comme rivale de ses propres compétitions. Ce dernier le rassure promptement et engage au contraire avec le baron un dialogue suivi qui débouche sur l'officialisation d'un accord de collaboration au congrès olympique de 1920. Elwood Brown y déclare qu'il s'agit là d'une « occasion extraordinaire de développer l'éducation physique dans le monde entier » et « d'étendre l'influence du CIO ».

L'intérêt de la YMCA pour le sport remontait à la seconde moitié du XIXe siècle, lorsqu'un débat théologique sur la question du millénarisme avait divisé les différentes confessions protestantes aux États-Unis. L'association de Brown avait alors adopté une position dite prémillénariste, qui consistait à préparer du mieux possible l'avènement du royaume de Dieu en Amérique, par la formation d'athlètes du Christ, assez forts pour accueillir ce dernier lorsqu'il redescendrait sur terre y régner pendant mille ans jusqu'à la résurrection générale. Dans ce cadre, les sportifs se retrouvent investis d'une lourde responsabilité, celle, d'une part, de sauver la société contre elle-même et, de l'autre, d'assurer le salut de leur âme par l'engagement dans un effort strictement individuel, ce qui constitue un aspect central de la pratique religieuse d'un protestant.

Deux points précis, qui éclairent les modalités d'action de la YMCA au XXe siècle, méritent d'être précisés. Le premier a trait à l'essor du professionnalisme dans le monde du sport face auquel il n'est pas question de transiger. La perspective de gagner de l'argent ne peut en effet que détourner le sportif de la voie d'un entraînement ascétique et méthodique, la seule praticable pour devenir un bon chrétien. Confrontés à l'apparition des premiers championnats professionnels de baseball et de football dit américain dans la décennie 1880, les dirigeants de la YMCA avaient réagi avec la création en 1891 du basket-ball puis du volley-ball en 1895. Néanmoins, le succès foudroyant de la balle au panier avait conduit à la fondation d'une ligue professionnelle dès 1898, ce qui contraignit la même année les inventeurs du jeu à renoncer à exercer leur tutelle sur ce dernier : ce sera désormais à l'AAU de veiller au développement du basket-ball, notamment pour tout ce qui concerne l'évolution de ses règles. Cette affaire entraîna une fracture profonde au sein de la YMCA, beaucoup considérant que les activités sportives devaient être abandonnées parce qu'il était devenu impossible d'en maîtriser l'extension selon leurs vues. Au début des années 1910, les partisans du sport finirent toutefois par l'emporter, à la faveur de l'importance croissante que prenait, au sein de l'association, le prosélytisme hors d'Amérique du Nord. C'est de l'étranger que viendrait le salut, là où l'argent n'avait pas encore corrompu les âmes : le réengagement religieux dans la pratique sportive est ainsi étroitement lié à la mondialisation des activités missionnaires de la YMCA.

Le second point important concerne précisément le statut conféré au sport dans l'entreprise d'évangélisation. Celui-ci n'est jamais conçu comme un moyen pour attirer les pratiquants vers autre chose, que ce soit l'écoute des sermons aux offices ou la lecture de la Bible : il est en soi une démonstration de foi chrétienne et prépare celui qui s'y adonne, sans même qu'il en ait conscience, à prouver qu'il mérite d'être racheté de ses péchés. Cette dimension est essentielle pour expliquer la facilité avec laquelle les formateurs de la YMCA sont acceptés par ceux auxquels ils s'adressent dans des contextes d'adversité religieuse : la conversion au protestantisme n'est jamais recherchée lorsque sont accueillis dans les centres d'entraînement les néo-basketteurs, qu'ils soient catholiques en Amérique latine, hindouistes dans l'Empire des Indes ou shintoïstes au Japon. Par conséquent, si l'Alliance universelle des Unions chrétiennes de jeunes gens, dont le siège est à Genève, à proximité de celui du CIO qui a été transféré à Lausanne en 1915, propose de se mettre au service du projet olympique, c'est parce qu'elle y voit la solution la plus efficace pour parvenir à ses fins. Son objectif n'est pas de diriger le sport mondial, mais d'exercer une influence sur les instances appelées à le faire, grâce justement à son action. Celle-ci, envisagée dans le long terme, se doit de rester discrète et souterraine : les membres de la YMCA n'éprouvent ainsi aucune difficulté à s'effacer derrière ceux qu'ils mettent en avant pour gouverner les nouvelles institutions sportives globales, du moment que sont respectés les principes cardinaux de leur mission, indissociablement religieuse et sportive – puisque le sport est intrinsèquement chrétien.

La YMCA se met tout de suite au travail après le congrès olympique d'Anvers. En Amérique du Sud, Elwood Brown et le responsable de l'éducation physique pour la région, Jess T. Hopkins, utilisent le réseau des antennes locales de leur association implantées de l'Argentine à Porto Rico, en passant par le Chili, l'Uruguay, le Brésil, le Pérou, le Mexique et Cuba, pour organiser les premiers *Latin American Games* qui se déroulent à Rio de Janeiro en 1922, à l'occasion du centenaire de l'indépendance du Brésil. La tenue de ces Jeux permet de structurer le mouvement olympique dans la zone en prévision de l'olympiade parisienne de 1924, en suggérant notamment les noms de personnes de confiance à coopter au sein du CIO – comme l'Argentin Ricardo Aldao ou les Brésiliens Arnaldo Guinle et José Ferreira Santos – ou à nommer à la tête des différents comités olympiques nationaux, tel le Mexicain Carlos Zetina. En Inde, la présidence de l'Indian Olympic Association, créée au début des années 1920, est occupée par Dorabji Tata, l'héritier du plus grand groupe industriel du pays, actif dans le textile et la métallurgie ; c'est toutefois l'Américain Arthur G. Noehren, de la YMCA de Madras, qui en assure en réalité la gestion, secondé par son compatriote Harry C. Buck, qui dirige la délégation indienne à Paris. Au Japon, enfin, qui s'est doté d'un Comité olympique dès 1911, les missionnaires états-uniens assurent la diffusion des savoir-faire américains, des formateurs enseignant par exemple leurs techniques de nage à l'équipe nationale nippone au sein de l'antenne féminine de Kyoto – la Young Women's Christian Association (YWCA) –, avec d'excellents résultats : à Los Angeles, le Japon remporte douze médailles en natation, dont cinq d'or. Seule l'Afrique manque dans cette offensive mondiale ; ce retard sera rattrapé après 1945, principalement dans les territoires anglophones et en Éthiopie.

Au bout d'une décennie d'inlassables efforts, la YMCA pouvait considérer avoir atteint l'objectif qu'elle s'était fixé d'étendre son emprise sur le mouvement olympique. À cet égard, l'année 1932 fut décisive. Que les Jeux aient lieu sur le sol des États-Unis explique sans doute que l'association religieuse ait pensé que le temps était venu de prendre une revanche éclatante sur le professionnalisme là où il était le plus florissant, dans la tanière de la Bête en quelque sorte. Paavo Nurmi servit de victime expiatoire. Le coureur finlandais, désormais en fin de carrière, escomptait conclure cette dernière comme l'avait fait Hannes Kohlemainen à Anvers en 1920, par une victoire dans le marathon. Deux jours avant la cérémonie d'ouverture, un comité présidé par Avery Brundage, qui, outre ses responsabilités à la tête du mouvement olympique états-unien, était un dirigeant de l'IAAF, le disqualifia sous le prétexte qu'il avait été payé pour participer à deux meetings d'athlétisme l'année précédente en Allemagne. Ce fut la stupeur. La délégation finlandaise au grand complet menaça de se retirer des Jeux et tous les athlètes inscrits pour le marathon signèrent une pétition demandant la suspension de la mesure : rien n'y fit.

La presse souligna le fait que deux Suédois faisaient partie de la commission qui avait eu à statuer, sous-entendant qu'on avait probablement affaire à un règlement de comptes entre Scandinaves. En réalité, Brundage, auquel la YMCA apporta publiquement son soutien, voulait le scandale le plus retentissant possible. En s'attaquant à l'une des plus grandes vedettes des Jeux olympiques, qui plus est au dernier moment – alors que les faits reprochés remontaient à plus d'un an et que la mesure aurait pu être prise bien avant, évitant ainsi à Nurmi de faire le voyage –, il s'agissait de rendre le châtiment exemplaire.

En matière d'amateurisme, le CIO s'en était tenu jusque-là à une attitude relativement souple. En 1925, lors de son congrès de Prague, il avait décidé qu'était autorisé pour un athlète amateur le remboursement de ses frais de déplacement et, « à titre exceptionnel », du manque à gagner correspondant à la part de salaire non versée du fait de sa participation à une compétition. Ces dispositions laissaient une marge de manœuvre à laquelle la décision spectaculaire de l'été 1932 mit brutalement fin. La ligne rigoriste de la YMCA, conforme à sa conception de la morale religieuse, l'emportait ; comme en écho, c'est dans ces années-là que Coubertin commença à parler de « religion olympique », entérinant ainsi en quelque sorte la reprise en main du mouvement qu'il avait fondé par l'association protestante.

Pour la YMCA, l'année 1932 constitua également le prélude à sa revanche dans un domaine qui lui était cher, celui du basket-ball. Étant donné qu'elle avait, à la fin du XIXe siècle, abandonné ses prérogatives sur ce sport aux États-Unis, la campagne débuta outre-Atlantique, en Europe, avec la fondation à Genève de la Fédération internationale de basket-ball amateur (FIBA). Selon un mécanisme éprouvé, la présidence en fut confiée à un Suisse, mais elle était administrée dans les faits par le secrétaire général, de nationalité britannique, Renato W. Jones, directeur de la YMCA de Rome. C'est depuis la capitale italienne, où se trouvait le siège officiel de la FIBA, que ce dernier mena les négociations avec le CIO pour introduire le basket dans le programme olympique en 1936. Fortement soutenu par Avery Brundage, Jones obtint gain de cause, ce qui représentait un tour de force pour une fédération internationale à peine créée. C'est aussi pour cette raison que la YMCA fit tout pour assurer le succès de l'olympiade berlinoise en faisant échouer les projets de boycottage en Amérique du Nord – par son vote décisif au congrès de l'AAU à New York le 8 décembre 1935, on l'a vu, mais aussi au Canada grâce au poids qu'elle détenait au sein de l'organisme équivalent. Sous maints aspects, les Jeux olympiques étaient désormais siens.

Au demeurant, l'inscription de ces derniers dans une perspective eschatologique n'était absolument pas incompatible avec la commercialisation à l'œuvre, même si la chose peut paraître à première vue paradoxale. Comme l'avait fait remarquer le sociologue allemand Max Weber, de retour d'un voyage aux États-Unis en 1904, dans son article publié en 1906, « Les sectes protestantes et l'esprit du capitalisme », le protestantisme américain se caractérisait en effet par l'importance accordée à la réussite matérielle individuelle : la capacité de gagner de l'argent et de réaliser du profit constituaient l'instrument privilégié pour justifier sa propre existence devant le Créateur. Or le sport, tel qu'il est conçu par la YMCA, représente la meilleure préparation à la future vie professionnelle. Par une pratique méthodique et rationnelle, les valeurs du travail se diffusent dans le domaine des loisirs et les succès obtenus ainsi par les sportifs préfigurent ceux qu'ils obtiendront plus tard grâce aux qualités qui leur ont été inculquées.

Ce système général d'interprétation des activités sportives était assez structuré pour que les dirigeants de la YMCA n'éprouvent aucune crainte à se confronter à l'idéologie nazie. De ce point de vue, la manière dont ils se sont approprié les nouveaux éléments de rituel introduits à Berlin est révélatrice de la solidité de leur modèle. Depuis 1928, un brasier, censé symboliser l'esprit olympique, était allumé pendant la durée des Jeux dans le stade d'athlétisme. Les organisateurs allemands, probablement sur une idée de Goebbels, y ajoutèrent l'allumage de la flamme à Olympie – dont les fouilles archéologiques avaient débuté en 1875 sous la direction de l'Institut germanique d'Athènes et d'Ernst Curtius –, et son voyage de relais en relais jusqu'au site des Jeux : du 20 juillet au 1er août 1936, 3 300 relayeurs, disposés sur un parcours de 3 075 kilomètres à travers sept pays, transportèrent la torche olympique jusqu'à l'Olympiastadion. L'Allemagne nazie entendait ainsi revendiquer sa filiation avec la civilisation grecque antique, dont la naissance aurait coïncidé avec l'invasion du Péloponnèse par des « races nordiques », en l'occurrence les Doriens. La symbolique du porteur du flambeau est toutefois immédiatement reformulée par les responsables de la YMCA : ils y voient d'abord la transposition du générique de la Columbia Pictures – l'américanisation culturelle du monde étant dans ce cas favorisée par l'industrie cinématographique hollywoodienne –, qui était lui-même inspiré de la statue de la Liberté à New York. C'est l'assimilation avec cette dernière qui est finalement mise en avant : interprétée généralement comme le symbole de la destinée manifeste du peuple américain, elle permet de filer la métaphore du « feu de Dieu » auquel l'Évangile de Luc fait allusion (17, 29). Dans cette configuration, le sport olympique, redéfini selon les principes du protestantisme états-unien, devient un appel à la force divine pour dissiper les ténèbres.

Quoi qu'il en soit, la collaboration entre la YMCA et le CIO élargit la sphère d'influence olympique au-delà des sociétés occidentales auxquelles elle se limitait jusque-là. Ainsi, à Berlin, les pays d'Amérique latine et d'Asie représentent 15 des 49 délégations accueillies, alors qu'à Barcelone sur les 23 nations participantes, seules trois ne sont pas européennes (États-Unis, Canada et Juifs de Palestine). Dans les espaces ayant connu le joug colonial ou aspirant à s'en délivrer, la confrontation victorieuse avec l'Europe est en effet d'une importance capitale pour alimenter l'émergence d'identités nationales autonomes. À cet égard, les médailles d'or remportées par l'Uruguay en football à Paris et à Amsterdam, par l'Argentine en polo en 1924 et 1936, et par l'Inde en hockey sur gazon de 1928 à 1936 furent saluées par les élites nationalistes des sociétés concernées comme des étapes essentielles dans leur processus d'éloignement du Vieux Monde.

De son côté, l'olympiade populaire de Barcelone, bien qu'elle fût disputée sous les auspices de l'émancipation des peuples colonisés, ne pouvait leur offrir de telles satisfactions symboliques. L'exemple de l'Inde est éclairant à ce propos : quelques semaines avant le début des Jeux de Berlin, un des dirigeants du parti du Congrès, Jawaharlal Nehru, prononça un discours où il commença par présenter ces derniers comme les noces monstrueuses de l'impérialisme britannique et du fascisme dans sa version nazie. Il conclut néanmoins son propos en souhaitant bonne chance à la délégation indienne qui s'apprêtait à partir pour l'Allemagne. Celle-ci défila devant Hitler lors de la cérémonie d'ouverture et se contenta de s'abstenir de le saluer de quelque manière que ce fût – elle fut la seule dans ce cas, avec les Américains. Les athlètes indiens refusèrent aussi de faire le salut olympique, comme le CIO le leur proposait, trop semblable selon eux au salut romain en usage dans l'Italie de Mussolini depuis 1922.

Un dernier facteur explicatif de la pérennité des Jeux olympiques du CIO et de la disparition de leur alternative populaire ou ouvrière se trouve dans l'attitude de l'URSS. Celle-ci avait d'abord cherché, par l'intermédiaire de l'Internationale rouge du sport, à définir ce que pourrait être une pratique sportive débarrassée de tout aspect compétitif, censé pervertir la jeunesse en l'habituant à la notion de concurrence, caractéristique d'une société capitaliste faisant la part belle au chauvinisme. Comme son homologue sociale-démocrate de l'Internationale sportive de Lucerne, elle avait toutefois dû faire preuve de pragmatisme. Au début des années 1920, les sociétés ouvrières de gymnastique allemandes et autrichiennes avaient ainsi été contraintes de s'ouvrir aux sports dénoncés auparavant comme « bourgeois » – au premier chef le football –, devant le risque que les jeunes se détournent massivement d'elles. En Finlande, les meilleurs athlètes de la Fédération sportive des travailleurs (la TUL) passaient souvent dans des clubs de la Fédération nationale (la SVUL), avec l'espoir d'être sélectionnés pour les Jeux olympiques – face aux discriminations qu'ils subissaient alors de la part de la SVUL, ils purent toujours compter sur le soutien public de Paavo Nurmi. En Union soviétique, au mois de juillet 1925, le Comité central du Parti communiste reconnut pour sa part les bons côtés du sport de compétition, pour peu qu'il fût débarrassé des tares du professionnalisme. Dix ans plus tard, la perspective d'un rapprochement avec le mouvement sportif occidental ne semble plus incongrue. En juillet 1935, un article de la revue officielle de l'IRS se conclut ainsi sur le souhait que « les sportifs soviétiques deviennent les meilleurs du monde » et l'URSS « le pays des records ». Cette quête de la performance athlétique s'inscrit dans un contexte social et économique plus général résolument optimiste : à la fin de ce même été 1935, dans la nuit du 30 au 31 août, le mineur Alekseï Stakhanov réussit l'exploit d'extraire 102 tonnes de charbon, soit plus de 14 fois le quota qui lui était demandé dans le cadre du deuxième plan quinquennal. Dans le domaine sportif, c'est sur le territoire soviétique qu'ont lieu les premières confrontations avec l'Ouest, destinées à la fois à apprendre des étrangers invités sur le plan technique et à démontrer les bienfaits de la politique d'éducation physique mise en œuvre de manière centralisée et systématique depuis 1923. Toujours à l'été 1935, des réunions d'athlétisme sont organisées à Moscou, auxquelles participent notamment huit Canadiens, dont la sauteuse en hauteur Eva Dawes. Alors âgée de 23 ans, l'étudiante de Toronto a accepté l'invitation par curiosité et est estomaquée que l'Amateur Athletic Union de l'Ontario dont elle dépend l'exclue de ses rangs à son retour. C'est le début pour elle d'une prise de conscience politique : par deux fois, l'AAU canadienne lui propose de la réintégrer pour qu'elle puisse se rendre à Berlin – elle représente en effet une des meilleures chances de médaille pour son pays –, ce qu'elle refuse catégoriquement.

Pour revenir à l'évolution de la position de l'Union soviétique, l'absence de délégation à l'olympiade populaire de Barcelone n'est par conséquent sans doute pas tant due à la difficulté d'organiser le voyage jusqu'en Espagne, comme cela fut avancé officiellement, qu'à la réorientation progressive de la politique sportive de l'URSS dans la perspective, plus ou moins lointaine, de rejoindre le mouvement olympique « bourgeois ». Au printemps 1937, le Komintern dissout l'Internationale rouge du sport, même si la résolution est tenue secrète et que les Soviétiques envoient quelques semaines plus tard une petite délégation à la 3e et dernière olympiade ouvrière organisée par les sociaux-démocrates à Anvers.

Monter au front

Les athlètes arrivés à Barcelone pour participer à l'*Olimpíada popular* étaient évidemment bien loin de toutes ces considérations. Dans la soirée du 18 juillet 1936, l'atmosphère est surréelle : alors que beaucoup, revenus de l'entraînement, se promènent pour profiter de la fraîcheur, ils ne peuvent ignorer l'agitation qui les entoure. Les militants anarchistes du principal syndicat de la région, la CNT, se sont vu refuser par le président de la Généralité de Catalogne, Lluís Companys, que des armes leur soient distribuées : qu'à cela ne tienne, ils commencent à construire des barricades dans le centre-ville, près des bâtiments stratégiques. Vers 4 heures du matin, les sirènes des usines et des bateaux du port avertissent que l'attaque des militaires rebelles a commencé. Les combats dureront un jour et demi, faisant 600 morts, et se solderont par la reddition complète des insurgés, en nombre bien inférieur face à la Guardia Civil restée loyale au gouvernement et aux Barcelonais descendus en masse dans les rues pour participer à la bataille.

Pendant ces deux jours, la majorité des athlètes reste cloîtrée dans leurs hôtels ou dans les appartements dans lesquels ils sont hébergés, avec interdiction d'en sortir. Celle-ci est levée dans l'après-midi du 20 juillet et on annonce même que les Jeux pourront sans doute commencer le surlendemain, le 22, pour une durée réduite à trois jours. Cependant, la plupart des étrangers reçoivent l'ordre de leur gouvernement respectif de quitter l'Espagne sur-le-champ. Beaucoup rechignent, mais doivent s'incliner : les Britanniques, par exemple, sont embarqués de force sur un navire de la Royal Navy, qui stationnait à Barcelone, pour être emmenés à Marseille. Ce sont surtout les chefs de délégation, notamment ceux de la FSGT, qui se montrent inflexibles : un certain nombre d'athlètes sont des mineurs et ils ne veulent pas prendre la responsabilité qu'il leur arrive malheur en restant plus longtemps. C'est notamment le cas d'Israël Carmi, le chef de groupe de l'Hapoël de Haïfa, qui doit hausser la voix pour empêcher les jeunes sous sa garde de s'enrôler dans les milices antifascistes en voie de constitution.

Si la situation semble apparemment calme en Catalogne, elle s'aggrave dans le reste du pays : il s'agit d'aller défendre l'Aragon et Saragosse contre la progression des troupes rebelles. Le 22 juillet au matin, les Jeux sont définitivement annulés. Le 23, une grande manifestation est organisée afin de remercier ceux qui sont venus à Barcelone pour y participer et qui ne sont pas encore partis. Ils défilent en tête, suivis par les premiers contingents de la milice antifasciste en route pour le front aragonais : parmi eux, environ 200 athlètes qui ont choisi de s'enrôler et rejoindront plus tard les Brigades internationales lorsque celles-ci seront créées au mois de septembre.

Organisée dans la perspective de faire concurrence aux Jeux olympiques de Berlin, l'olympiade populaire de Barcelone se voulait un rassemblement culturel et politique exprimant la vigueur de l'antifascisme en Europe. Par la force des choses, au cours de l'été 1936, elle finit par mettre face à face, les armes à la main, fascistes et antifascistes. D'un côté, on trouve Gotthardt Handrick, pilote de chasse de la légion Condor. Il obtient un congé pour disputer les épreuves du pentathlon moderne à Berlin, dont il remporte la médaille d'or, avant de revenir combattre en Espagne aux côtés des troupes franquistes. En face, parmi des centaines d'autres, Emmanuel Mink, un footballeur âgé de 26 ans, immigré juif de Pologne, venu à Barcelone avec son équipe du YASK (Yiddisher Arbeter Sport Klub), un club proche du

Parti communiste qui entendait combattre les stéréotypes sur la faiblesse et la soumission du peuple juif. Il fait partie de la colonne « El Barrio », laquelle part combattre en Aragon le 24 juillet. Intégré ensuite dans les Brigades internationales, il est à la tête de la compagnie Naftalí Botwin, composée exclusivement de Juifs polonais, lors de la bataille de l'Èbre, où il est blessé. Après la *Retirada*, il est interné à Saint-Cyprien, dans les Pyrénées-Orientales, et réussit à s'évader pour rejoindre la Résistance dans les rangs des FTP-MOI, sous le surnom de « Mundek ». Arrêté en août 1941, il est envoyé à Drancy et fait partie du premier convoi pour Auschwitz du 27 avril 1942. Transféré à la fin de la guerre à Natzweiler-Struthof, il est libéré par l'armée française en avril 1945. Il est mort à Paris en 2008.

Chapitre 5

Les derniers seront les premiers (Rome, 1960)

C'est à 17 h 30 précises, le samedi 10 septembre 1960, qu'est donné le départ du marathon des Jeux olympiques de Rome. Comme le veut la tradition, il s'agit de la dernière épreuve au programme d'une olympiade débutée une quinzaine de jours plus tôt dans la capitale italienne. Afin d'éviter les fortes chaleurs qui caractérisent généralement les étés romains, l'horaire a été fixé à une heure tardive, quitte à ce que la moitié de la course s'effectue de nuit. Le choix s'est révélé judicieux : la température de 23 degrés est relativement clémente pour une course de fond, lorsque les 69 concurrents s'élancent entre chien et loup. Parmi ces derniers se trouvent les meilleurs spécialistes de la planète : le champion olympique en titre, le Français Alain Mimoum, et le détenteur du record du monde, le Soviétique Sergueï Popov, mais aussi le Néo-Zélandais Barry Magee et le Marocain Abdeslam Radi. C'est toutefois un inconnu, l'Éthiopien Abebe Bikila, qui, à la surprise générale, s'adjuge la médaille d'or en 2 h 15 min 16 s, améliorant même le record du monde d'un peu moins d'une seconde.

Sa victoire marque les esprits : les images du coureur aux pieds nus, premier Africain noir à remporter un titre olympique, s'inscrivent durablement dans l'imaginaire collectif au même titre que celles de Tommie Smith et John Carlos sur le podium du 200 mètres des Jeux de Mexico en 1968. Un tel retentissement tient d'abord au fait que la performance est réalisée dans l'épreuve d'athlétisme la plus prestigieuse – avec le 100 mètres – des Jeux olympiques. Lors du banquet de clôture du congrès de la Sorbonne en 1894, le grammairien du Collège de France Michel Bréal avait émis l'idée de créer une course en souvenir du soldat Philippidès qui, en 490 avant notre ère, aurait parcouru les 40 kilomètres de Marathon à Athènes pour annoncer dans un dernier souffle la victoire militaire des Grecs sur les Perses (« *Nikè !* », « Victoire ! »). En 1908, lors des Jeux de Londres, la distance était passée à 42,195 kilomètres, celle séparant le palais de Windsor de la loge royale du stade de Shepherd's Bush. Considéré comme la course la plus exigeante qui soit, le marathon couronnait un athlète hors norme et avait déjà éclaboussé de gloire de nouveaux continents s'affirmant sur la scène sportive mondiale, que ce soit l'Amérique latine, avec la victoire de l'Argentin Juan Carlos Zabala en 1932 aux Jeux de Los Angeles, ou l'Asie, avec celle du Coréen Son Ki-jeong à Berlin en 1936

– ce dernier avait couru sous les couleurs de l'occupant nippon et sous le nom japonisé de Kitei Son.

L'aura de l'exploit de Bikila dépassa néanmoins celui de ses prédécesseurs en raison de sa médiatisation inédite. En 1958, le comité d'organisation des Jeux de Rome avait vendu les droits de retransmission télévisée pour l'Amérique du Nord au Columbia Broadcasting System (CBS) et à l'Union européenne de radiodiffusion (UER) pour le Vieux Continent. L'Eurovision diffusa en tout 94 heures de programme en direct dans 18 pays, tandis que les images des épreuves du matin étaient envoyées sur des vols transatlantiques à temps pour être montrées dans les journaux d'information du soir aux États-Unis. Pour la première fois, un grand nombre de personnes put assister à certaines compétitions olympiques en direct – ou en différé *via* les actualités cinématographiques –, ce qui contribua à accroître la popularité des Jeux. Dans ce dispositif télévisuel, le marathon constituait le clou du spectacle, dont la diffusion fut particulièrement soignée par les réalisateurs de la Radiotelevisione italiana (RAI).

Le parcours de la course leur offrait en effet l'occasion de mettre en scène divers aspects du patrimoine historique de la Ville éternelle. De manière surprenante, le Comité olympique national italien (CONI) avait rompu avec la tradition qui voulait que le marathon se terminât dans le stade olympique – et c'est d'ailleurs l'unique fois qu'une telle entorse fut faite à la coutume. À Rome, celui-ci est situé au nord et est facilement accessible par le Lungotevere (les rives du Tibre), le long duquel les coureurs auraient pu faire un aller-retour – c'est le tracé adopté de nos jours. En 1960, une autre solution est étonnamment préférée, consistant en un triangle orienté vers le sud : les concurrents s'élancent depuis la place de Venise, au centre de la ville, descendent l'avenue des Forums impériaux pour rejoindre le cirque Maxime, puis franchissent la muraille aurélienne direction Ostie, sur la longue Via Cristoforo Colombo, jusqu'au nouveau quartier de l'EUR ; après l'avoir dépassé, ils empruntent vers l'est un bout du *Grande Raccordo Annulare* (GRA), le boulevard périphérique récemment achevé pour l'ouverture des Jeux, qui constitue la base du triangle, avant de revenir par la Via Appia Antica, la course se finissant sous l'arc de Constantin, à l'ombre du Colisée. Plusieurs Rome sont ainsi traversées : la Rome baroque (la place du Capitole redessinée par Michel-Ange), la Rome antique (des forums impériaux au Colosseo en passant par le Circo Massimo), la Rome contemporaine (celle du miracle économique débuté en 1958 et de l'avènement d'une société de consommation, symbolisés par le renouveau urbain de l'EUR et la nouvelle autoroute urbaine du GRA), mais aussi la Rome chrétienne. C'est en effet sur la Via Appia Antica que Pierre, fuyant les persécutions, aurait rencontré Jésus et lui aurait demandé « *Quo vadis Domine ?* » ; c'est aussi là, dans les catacombes, qu'ont été enterrés les premiers martyrs chrétiens, notamment les trois saints patrons de la ville, Pierre, Paul et Sébastien : au Moyen Âge, la dépouille du premier fut transférée au Vatican, celle du deuxième un peu plus à l'est, où fut bâti Saint-Paul-hors-les-Murs pour la recueillir, le troisième reposant encore dans la basilique bordant la Via Appia et qui porte son nom.

Plusieurs facteurs peuvent expliquer que le vice-président du CONI, Marcello Garroni, ait opté pour un tel tracé. Fervent catholique, il avait sans doute souhaité que les Jeux se terminent comme ils avaient commencé, en les plaçant sous le patronage de l'Église : ceux-ci avaient commencé non pas dans l'enceinte du Stadio olimpico, le 25 août 1960, mais la veille, place Saint-Pierre, où le pape Jean XXIII accorda sa bénédiction aux athlètes réunis au pied du trône pontifical, au cours d'une audience générale qui marquait l'appropriation du rituel olympique par le Saint-Siège, à l'enseigne de la fraternité et de la paix universelles. Comme en écho, la quinzaine olympique venait se clore dans un haut lieu du martyrologue catholique. Entra également en ligne de compte la volonté des organisateurs de souligner la filiation avec l'Antiquité, qui avait constitué le cœur de l'argumentaire développé pour la candidature de Rome à l'organisation des Jeux en 1955. Dans cette optique, si beaucoup d'épreuves se déroulèrent dans les deux enceintes construites par l'ingénieur futuriste Pier Luigi Nervi – au nord, sur la Via Flaminia, le Palazzetto dello Sport, et au sud, à l'EUR, le Palazzo dello Sport –, d'autres eurent lieu dans des monuments emblématiques de la Rome impériale : la gymnastique dans les thermes de Caracalla et la lutte dans la basilique de Maxence, à proximité desquels les concurrents du marathon passèrent au début et à la fin de leur course. Enfin, ce choix se justifiait par des considérations propres à la géographie symbolique de la Ville éternelle : le dernier quart du parcours – de la Via Appia à l'arc de Constantin – était considéré depuis le XVIe siècle comme une voie triomphale. C'est par là qu'en 1536 Charles Quint, de retour de son expédition victorieuse l'année précédente contre Barberousse, laquelle lui avait permis de conquérir Tunis, entra dans Rome, passant sous l'arc de triomphe de la Porta San Sebastiano, bâti pour l'occasion – une inscription y célébrait le nouvel « empereur de l'Afrique » –, remonta la rue à peine percée de la porte Saint-Sébastien, pour bifurquer ensuite à droite vers le Colisée par la Via dei Trionfi – rebaptisée aujourd'hui Via San Gregorio. C'est par là encore qu'était passé, en 1571, le prince Marcantonio Colonna après sa victoire sur la flotte ottomane à la bataille de Lépante.

Pour toutes ces raisons, les marathoniens de 1960 se retrouvèrent confrontés à un tracé extrêmement difficile qui leur imposait une longue montée de presque 7 kilomètres vers l'EUR sur la Via Cristoforo Colombo, un talus abrupt, au milieu d'un bidonville, pour sortir du GRA et rejoindre le segment final d'une dizaine de kilomètres de l'Appia Antica, recouvert principalement de petits pavés carrés et plats, les *sanpietrini*, mais surtout, sur un tronçon de presque 2 kilomètres, depuis la tombe de Marcus Servilius Quartus jusqu'au mausolée de Cecilia Metella, des redoutables *basoli*, de grosses pierres accidentées et discontinues datant de l'époque romaine – qui plus est dans l'obscurité, avec pour seul éclairage les flambeaux brandis par des carabiniers. Malgré tous ces obstacles, ce fut le marathon le plus rapide jamais couru jusqu'alors : en dehors de Bikila et de ses deux dauphins, Abdeslam Radi et Barry Magee, les sept autres premiers du classement étaient dans les temps des records du monde établis par l'Anglais Jim Peters à Londres entre 1952 et 1954.

D'un point de vue sportif, Abebe Bikila inaugure la domination des athlètes originaires de l'Afrique de l'Est sur les courses de fond et de demi-fond. Celle-ci ne s'explique pas par une quelconque spontanéité ou par les qualités innées des coureurs des hauts plateaux de la Corne de l'Afrique, ce que pouvait laisser penser la manière dont la presse occidentale rendit compte de l'exploit de Bikila. On insista alors sur la morphologie du coureur éthiopien, à la fois grand et mince – 1,75 mètre pour 55 kilos –, et sur le fait que ce fils de berger était habitué depuis son plus jeune âge à courir derrière le bétail dans le cadre d'une agriculture extensive. Dans cette perspective, le détail de l'absence de chaussures était mis en avant comme révélateur d'une pratique qui n'avait rien de sportif : si Bikila avait gagné, c'était en somme un peu par hasard, grâce à des qualités exceptionnelles développées de manière contingente, presque par inadvertance.

En réalité, la performance du champion éthiopien n'était pas le fait d'un athlète isolé mais au contraire bien inséré dans un système sportif visant à atteindre l'excellence dans certaines spécialités olympiques. Âgé de 28 ans en 1960, il avait intégré la garde impériale d'Haïlé Sélassié en 1952 et s'y entraînait au sein d'un groupe d'athlètes dont il n'était pas considéré à l'origine comme le meilleur. Bikila n'était en rien un amateur qui se serait consacré à sa passion de la course à ses heures perdues : comme en France ou dans les pays du bloc socialiste au même moment, on avait affaire à un véritable amateurisme d'État, où les athlètes d'élite étaient officiellement salariés dans une administration publique mais en réalité passaient tout leur temps à s'entraîner de manière méthodique. Dans les années 1920, c'est ainsi l'armée française qui avait repéré puis assuré la formation sportive de l'Algérien Boughera El Ouafi, qui remporta pour la France le marathon aux Jeux d'Amsterdam en 1928, comme elle le fera plus tard avec Alain Mimoum, victorieux pour sa part à Melbourne en 1956. Une même trajectoire caractérise le Tchécoslovaque Emil Zátopek, qui passa du grade de sergent à celui de commandant grâce à ses succès en Finlande en 1952. En 1960, le deuxième de l'épreuve, Abdeslam Radi, courait sous les couleurs du Maroc, mais il était considéré par la presse hexagonale comme un représentant tricolore, « franco-marocain », voire français tout court, puisqu'il vivait à Dijon où il avait appartenu au 5e régiment de tirailleurs marocains avant d'intégrer le 25e régiment d'infanterie lorsque son pays d'origine était devenu indépendant en 1956.

Que l'Éthiopie ait été le premier pays africain à se donner les moyens de bien figurer sur la principale scène sportive sur laquelle se mesure le prestige des nations depuis l'entre-deux-guerres ne doit pas étonner. Longtemps l'empire d'Éthiopie a constitué l'unique État d'Afrique capable de résister militairement à la colonisation européenne. En 1896, les troupes de Ménélik II avaient ainsi infligé à Adoua une cuisante défaite à l'armée italienne, ce qui avait permis à l'Éthiopie de rester indépendante, statut qu'elle pouvait seule revendiquer avec le petit Liberia. En 1924, le régent du royaume, Tafari Makonnen, entreprit une tournée diplomatique en Europe afin de tisser des liens destinés à moderniser son pays. Déçu par son étape italienne – Mussolini était ostensiblement arrivé en retard lors du dîner d'État donné en l'honneur du ras Tafari au palais royal du Quirinal –, Makonnen avait en revanche reçu un bon accueil en Grande-Bretagne et surtout en Suède, ce qui lui convenait parfaitement, étant donné qu'il s'agissait d'une des rares puissances européennes à n'avoir pas participé à l'entreprise coloniale. Dès les années 1930, ce sont ainsi des officiers britanniques et suédois qui sont chargés à Addis-Abeba de la formation des officiers indigènes de l'armée éthiopienne et de la garde impériale – les premiers leur faisant pratiquer le football et le tennis, les seconds l'athlétisme ; en 1946, la YMCA y ajoutera le basket-ball.

Lorsque l'Italie fasciste prit sa revanche sur l'Éthiopie en 1935-1936, celui qui entre-temps, en 1930, avait été couronné empereur et pris le titre de négus, Haïlé Sélassié en personne, se déplaça à Genève pour s'adresser à la Société des Nations en « témoin du crime commis à l'encontre de [son] peuple, afin de donner à l'Europe un avertissement face au destin qui l'attend[ait] si elle s'inclin[ait] aujourd'hui devant les actes accomplis ». Une fois les Italiens chassés en 1941, l'Éthiopie continua de porter haut l'étendard de l'émancipation des peuples africains de la tutelle occidentale, ce qui se traduisit dans le domaine sportif par une première participation aux Jeux de Melbourne en 1956, d'où une délégation composée essentiellement de sprinters et de coureurs de demi-fond revint bredouille. Lorsque, en 1958, le parcours du marathon de Rome fut rendu public, avec une ligne d'arrivée située sous l'arc de triomphe de Constantin, là où Mussolini avait fait défiler ses troupes partant à la conquête de l'Éthiopie, le négus exprima le désir que tout fût mis en œuvre pour que cette course-là constitue une revanche symbolique sur l'ancienne puissance coloniale, ce que l'entraîneur suédois des marathoniens éthiopiens, Onni Niskanen, lui disait possible.

Alors que le monde olympique se retrouvait pris dans les logiques de la guerre froide depuis la participation de l'URSS aux Jeux d'Helsinki en 1952, la victoire de Bikila annonçait de manière tonitruante qu'un troisième acteur venait s'immiscer dans la course aux médailles, aux côtés des camps socialiste et atlantiste : il serait bien sûr difficile aux pays du Tiers-Monde et aux non-alignés de lutter sur tous les fronts, et mieux valait, pour les meilleurs d'entre eux, se choisir une spécialité dans laquelle ils excellaient. Pour le Pakistan, ce fut le hockey sur gazon – il remporta d'ailleurs cette année-là le titre olympique au détriment de son voisin et rival indien ; pour l'Éthiopie, puis le Kenya ensuite, ce furent les courses de fond et de demi-fond. L'immense popularité de Bikila dans son pays – 100 000 personnes l'attendaient à la descente de l'avion lorsqu'il revint à Addis-Abeba – et sur tout le continent africain trouve ainsi son explication : il fut le premier à battre les Occidentaux sur leur terrain, signifiant ainsi sur un plan sportif que l'heure des indépendances était définitivement venue.

A posteriori, les commentateurs, reprenant les déclarations de Niskanen, insistèrent sur l'importance de la dimension politique dans le déroulement de la course elle-même : c'est à 500 mètres de l'arrivée, au pied de l'obélisque d'Aksoum, que Bikila aurait placé son accélération décisive, ce qui ne pouvait que renforcer la force du symbole. Volé dans la province du Tigré en 1937 et érigé comme un trophée de guerre devant le ministère de l'Afrique italienne – devenu dans l'après-guerre le siège de l'Organisation des Nations unies pour l'alimentation et l'agriculture (FAO) –, à l'entrée de la Via dei Trionfi, le monument antique représentait alors encore une source de conflit entre l'Italie et l'Éthiopie – il fallut attendre 2005 pour que le traité de

1956 entre les deux pays, qui prévoyait sa restitution immédiate, fût respecté sur ce point. L'anecdote était en réalité inexacte, puisque c'est 1,5 kilomètre avant, en passant sous la porte Saint-Sébastien, que le coureur éthiopien avait distancé définitivement son dernier poursuivant, Abdeslam Radi. Elle ne rendait pas non plus justice à la méticulosité avec laquelle ce marathon avait été préparé les années précédentes.

Dans ce domaine, Niskanen était une pointure : bon coureur de demi-fond dans sa jeunesse – membre de l'Association sportive des travailleurs suédois, il devait participer à l'olympiade populaire de Barcelone de 1936, mais, arrivé à Paris le 18 juillet, il avait rebroussé chemin à l'annonce du coup d'État militaire en Espagne –, il avait perfectionné sa pratique et amélioré ses connaissances sur le sujet lorsqu'il avait servi en 1940 dans l'armée finlandaise, pays dont il était originaire, lors de la guerre d'Hiver contre l'URSS. En 1946, dans le cadre des accords de coopération entre l'Éthiopie et la Suède, il accepta de diriger le département d'éducation physique au ministère de l'Éducation nationale à Addis-Abeba, avant de devenir fonctionnaire de la Croix-Rouge en 1956 et de s'occuper des soldats préparant le marathon pour les Jeux de 1960. Ses méthodes divergeaient de celles mises en œuvre par les Anglo-Saxons et les Soviétiques, fondées sur la régularité des foulées et sur la capacité de maintenir une vitesse moyenne constante très élevée : il considérait pour sa part que les ruptures de rythme ne constituaient pas un problème, qu'un coureur pouvait ralentir pour mieux accélérer ensuite, en s'adaptant au dénivelé du terrain. Il appliquait par ailleurs fidèlement les techniques d'entraînement mises au point par les Finlandais et les Suédois et qui consistaient à répéter des séries de sprints courts – sur 50 mètres – ou sur des distances plus longues – cinq fois 1 500 mètres avec cinq minutes de pause à chaque fois.

En 1958, Niskanen décida d'intégrer Abebe Bikila au groupe d'élite qu'il entraînait, en raison du rythme cardiaque de ce dernier : à l'issue d'une course longue de 35 kilomètres, il ne dépassait pas 88 pulsations par minute. Le 25 juillet 1960, Bikila fut présélectionné avec cinq autres coureurs après avoir terminé en tête d'un marathon présentant le même profil que celui de Rome à venir (10 kilomètres de montée) – quelques semaines plus tard, à la veille du marathon olympique, le journaliste de *L'Équipe* l'écartera de sa liste des favoris, considérant que son temps de 2 h 21 min 23 s était impossible à réaliser, encore moins en altitude, à Addis-Abeba. Enfin, le 5 août, après une sortie de 32 kilomètres courue sur un rythme infernal, il est sélectionné définitivement avec Abebe Wakgira (qui finira 7e).

C'est toutefois à Rome, où la délégation éthiopienne arrive dès le 12 août, qu'un choix déterminant est fait par Niskanen : celui de courir pieds nus. Cette décision découle de son repérage exhaustif du parcours, et notamment de la difficulté représentée par la section de la Via Appia comportant les piégeux *basoli* : sur ce segment, l'adhérence des pieds était mieux assurée sans chaussures de course, qui ne permettaient pas d'épouser parfaitement les aspérités des pierres. Aussi étrange que cela puisse paraître, les autres concurrents n'avaient pas identifié le problème : arrivés plus tard dans la capitale italienne, ils s'étaient contentés d'observer l'Appia depuis la porte Saint-Sébastien et avaient supposé que la chaussée était entièrement revêtue des *sanpietrini* qu'ils virent à cet endroit-là. Probablement par manque de temps, ils n'avaient pas arpenté à pied la voie romaine, interdite à la circulation automobile, ce que Niskanen s'était donné la peine de faire. Par ailleurs, l'entraîneur suédois avait calculé, lors des nombreux entraînements effectués *in situ* pendant un mois, que Bikila courait plus vite pieds nus sur les *sanpietrini*, légèrement plus glissants que le goudron – entre cinq et six foulées de plus à la minute. Tout cela se révéla décisif dans le dernier quart de la course : Abdelsam Radi trébucha plusieurs fois sur les *basoli* et dut produire un effort important pour rester au contact de Bikila ; quand il vit au loin la porte Saint-Sébastien, autour de laquelle s'étaient amassés des milliers de personnes, il crut qu'il s'agissait de la ligne d'arrivée et il déclencha ce qu'il pensait être le sprint final. Il restait en fait deux kilomètres à parcourir, et si la foule s'était rassemblée là, c'était que la Via di Porta San Sebastiano était trop étroite pour accueillir du public sur les bas-côtés. Radi passa sous la porte au coude à coude avec le coureur éthiopien, avant de se rendre compte brutalement de son erreur : Bikila accéléra à cet instant précis, Radi ne le reverrait plus.

Avertie par les commentaires radiophoniques de la RAI, que beaucoup écoutent sur de petits transistors, de la nationalité du coureur qui vient de passer en tête, une bonne partie du public a immédiatement conscience de la force symbolique de ce qui est en train d'advenir sous ses yeux et manifeste bruyamment sa joie. Un tel enthousiasme trouve son origine dans le contexte politique italien et dans les polémiques qui ont émaillé l'organisation des Jeux de Rome. Certains détails, loin d'être anodins, révélaient les ambiguïtés de la relation entretenue par certains secteurs de la société italienne avec le passé fasciste. On en trouve la trace dans la retransmission télévisée du marathon par la RAI, dont la scénographie est saturée de références explicites au régime de Mussolini, notamment lorsque les coureurs traversent l'EUR, quartier dont la construction avait commencé en prévision de l'Exposition universelle de Rome de 1942 – c'est d'ailleurs la signification de l'acronyme –, destinée à commémorer les vingt ans de l'accession au pouvoir du Duce et finalement annulée en raison du second conflit mondial.

Les athlètes défilent ainsi entre plusieurs monuments d'inspiration futuriste bâtis avant 1940, parmi lesquels le palais de la Civilisation italienne, orné d'une citation de Mussolini que le conseil municipal de Rome s'était refusé à faire disparaître à l'approche des Jeux olympiques. En 1959, en effet, la gauche socialiste et communiste avait réclamé, au conseil municipal de Rome et au Parlement, que l'ensemble des marques architecturales datant de l'époque fasciste (inscriptions, statues, mosaïques et bas-reliefs), particulièrement nombreuses au Foro Italico, autour du Stade olympique mais aussi un peu partout dans la ville, fussent détruites ou au moins masquées le temps des Jeux. La Démocratie chrétienne de la capitale avait refusé, en s'abritant derrière l'exigence de protection du patrimoine, mais en réalité pour ne pas déplaire au parti néofasciste, le Mouvement social italien (MSI), bien implanté à Rome.

Au printemps 1960, cette collusion entre les courants démocrates-chrétiens les plus conservateurs et les néofascistes déboucha sur une alliance gouvernementale en bonne et due forme, ce qui suscita une immense révolte populaire. À Gênes, le 2 juillet, une grande manifestation de protestation contre la tenue du congrès du MSI dans la ville, médaille d'or de la Résistance, dégénère en émeute. Cinq jours plus tard, à Reggio Emilia, cinq manifestants tombent sous les balles de la police. L'ampleur des défilés dans toute la péninsule entraîne le renversement du gouvernement de Fernando Tambroni et le remplacement de ce dernier par le chef de file de l'aile gauche de la Démocratie chrétienne, Amintore Fanfani, le 26 juillet. Début août, le nouveau président du Conseil ordonne de cacher sous des bâches certains des slogans fascistes gravés sur les monuments romains ; en réaction, la nuit du 15 août, des militants du MSI couvrent les murs de la ville de graffiti en l'honneur de Mussolini. Soucieux de ne pas offrir le spectacle d'une société divisée pendant les Jeux,

Fanfani suspend son initiative. Mais l'essentiel n'est pas là : la Démocratie chrétienne s'affirme comme un parti résolument antifasciste, ce qui conduira deux ans plus tard à l'entrée du Parti socialiste dans la majorité gouvernementale.

Ainsi, lorsque Abebe Bikila émerge seul en tête de la Via di Porta San Sebastiano sur la place Numa Pompilius, il devient sur-le-champ le héros de toute la gauche italienne, mais aussi de tous ceux qui, au sein du monde catholique, refusaient les compromissions avec les héritiers du fascisme. Bien des années après, deux journalistes de la *Gazzetta dello Sport*, Giorgio Lo Giudice et Valerio Piccioni, ont ainsi parlé de « prise de la Bastille sportive » ; en 2010, les deux sont également à l'initiative de la pose d'une plaque commémorative Via San Gregorio : « À Abebe Bikila, marathonien d'Éthiopie, vainqueur du marathon des XVIIe Olympiades pour dire au monde la fierté et le courage de son peuple dans les rues de Rome. »

Ce sont aussi les nombreux enfants des paroisses romaines qui, le 11 septembre, à la sortie de la messe dominicale, se présentent à l'entrée du village olympique pour offrir une paire de chaussures au triomphateur de la veille. Alors que l'Église s'apprête à opérer son *aggiornamento* sous la houlette de Jean XXIII, l'heure est au dialogue œcuménique : une partie de la presse catholique n'oublie pas de faire remarquer que Bikila est un fidèle de l'Église orthodoxe éthiopienne, devenue autocéphale en 1959. Plus qu'un simple coureur surgissant de l'obscurité de la

Via Appia, à la lueur des torches allumées à son passage par des soldats postés tous les cinquante mètres, c'est un frère qui pénètre victorieux dans Rome, les pieds nus comme les apôtres du Christ entrant dans Jérusalem. Dans cette nuit romaine de la fin de l'été 1960, l'avenir du monde, c'est l'Afrique.

Chapitre 6

Les sorcières orientales
(Tokyo, 1964)

Étaient-elles devenues aussi belles que la *Vénus de Milo*, que près de deux millions de Japonais étaient allés admirer à Kyoto quatre mois auparavant ? Mériteraient-elles d'avoir leurs statues dans les parcs publics de l'archipel, les neuf ouvrières qui venaient de remporter la médaille d'or en volley-ball ? Le samedi 23 octobre 1964, à la veille de la clôture des Jeux de Tokyo, vers 21 heures, elles avaient séché les larmes qu'avait fait couler quelques heures plus tôt la défaite du judoka Akio Kaminaga face au Néerlandais Anton Geesink. Que l'équipe d'URSS ait été balayée en moins de deux heures et en trois sets secs (15-11, 15-8, 15-13) constituait un motif de satisfaction immédiat, personne au Japon n'ayant oublié la déclaration de guerre de l'Union soviétique du 8 août 1945, qui avait précipité la décision de l'état-major nippon de capituler sans conditions. Sur un plus long terme, cette première victoire dans un sport collectif parachevait les efforts fournis depuis un demi-siècle par la nation tout entière pour devenir une puissance olympique.

Matérialisé par l'envoi, dès 1912, d'une délégation aux Jeux de Stockholm, ce projet s'inscrivait dans un dessein plus large : affirmer la filiation du Japon contemporain avec la Grèce antique. Aussi surprenant que cela puisse sembler d'un point de vue occidental, les classes dirigeantes nippones estimaient en effet légitime pour leur pays de revendiquer l'héritage de l'Antiquité – au même titre par exemple que l'Allemagne, dont les élites intellectuelles avaient élaboré tout au long du XIXe siècle un *Griechenmythos*, un mythe des origines grecques, dans la continuité duquel le régime nazi s'était situé en 1936. Cette aspiration était elle-même la conséquence indirecte de la volonté de moderniser le système politique et l'économie, formulée au tournant des années 1870 par le nouvel empereur Mutsuhito en réaction aux traités inégaux imposés par la Grande-Bretagne.

Dans cette optique, à partir de 1866 et pendant une quarantaine d'années, près de 25 000 jeunes sont envoyés dans les universités états-uniennes, britanniques, allemandes et françaises afin de devenir les nouvelles élites politiques, intellectuelles, économiques et militaires chargées d'encadrer les transformations dont la société japonaise a besoin. Dans les universités occidentales, toute une génération reçoit une formation approfondie aux humanités classiques, quelle que soit la discipline étudiée, et se convertit à un philhellénisme perçu comme la marque distinctive des milieux dirigeants européens dont on tente d'adapter le mode de vie et les valeurs dans l'archipel. Pendant la période d'exacerbation nationaliste des années 1925-1945, lorsque sont mis en œuvre les plans d'expansion impérialiste, cette passion pour la culture grecque continue d'être cultivée. Bien des intellectuels conservateurs glosent alors sur les similitudes entre le Japon et la Grèce, « deux nations qui se ressemblent terriblement », selon le journaliste Sohō Tokutomi, l'ultra-nationaliste Ikki Kita établissant pour sa part un parallèle entre l'armée japonaise victorieuse de son homologue russe en 1905 et les Hellènes qui avaient infligé une défaite aux Perses à la bataille de Salamine.

C'est ce terreau qui nourrit la popularité dont jouissent les Jeux olympiques au Japon. En 1938, la sortie sur les écrans d'*Olympia*, de Leni Riefenstahl, reçoit ainsi un accueil enthousiaste de la part du public – le film constitue l'un des plus grands succès du cinéma d'avant-guerre –, d'autant que plusieurs athlètes nippons y apparaissent dans les séquences initiales, lorsque la réalisatrice allemande établit des analogies entre les corps antiques et modernes. La passion pour l'olympisme a d'ailleurs déjà commencé à redéfinir les canons de beauté, ce qu'illustre par exemple la statue réalisée à l'effigie du premier médaillé d'or en natation, Yoshiyuki Tsuruta, vainqueur du 200 mètres brasse à Amsterdam en 1928. Représenté avec de larges épaules et une musculature développée, le nageur fournit un nouveau modèle du corps national héroïque produit par les compétitions olympiques. Plusieurs exemplaires de la sculpture, intitulée *Beauté saine* (*Kenkō-bi*), sont exposés dans des jardins publics dans tout le pays, comme pour signifier que l'idéal grec est accessible à tous.

Cette fascination pour la perfection du corps classique, qu'il soit masculin ou féminin, se retrouve en 1964. Le dernier porteur de la flamme olympique, Yoshinori Sakai, un étudiant de 19 ans, est choisi pour deux motifs : parce qu'il est né le 6 août 1945, jour du bombardement atomique d'Hiroshima, et en raison de sa grande taille et de ses traits réguliers. Quelques mois auparavant, du 21 mai au 25 juin, le musée de la Ville de Kyoto a de son côté accueilli 1,75 million de visiteurs, qui avaient fait la queue pendant des heures pour voir la *Vénus de Milo*, prêtée par le Louvre à l'occasion des Jeux, sur une initiative d'André Malraux, le ministre français des Affaires culturelles.

Dans l'entre-deux-guerres, la question de la beauté féminine avait d'ailleurs posé un problème aux réformateurs nippons : aucune de leurs jeunes compatriotes ne ressemblait, de près ou de loin, à une statue grecque. Grâce au sport, ce n'était toutefois plus une fatalité. C'est du moins ce que pensait le pasteur protestant Toyohiko Kagawa, un des introducteurs du volley-ball au Japon, ses affinités religieuses avec la YMCA expliquant le choix de ce jeu, inventé à Holyoke, dans le Massachusetts, en 1895. Dans *Philosophie de la lutte pour la vie*, qu'il publie en 1922, Kagawa explique ainsi que les femmes de son pays peuvent transformer leur corps en suivant un entraînement régulier et qu'il leur est donc possible d'améliorer leur physique disgracieux et de devenir belles pour peu qu'elles fassent des efforts.

Depuis la fin du XIXe siècle, les écoles et les casernes constituaient les principaux creusets de l'acculturation sportive, que les autorités pédagogiques et militaires considéraient comme le complément naturel du processus d'occidentalisation à l'œuvre dans tous les domaines. Ces dernières vont puiser à plusieurs sources : britannique (tennis), états-unienne (baseball), occidentale plus généralement (athlétisme et natation). Lorsqu'elles se risquent à créer une pratique présentée comme spécifiquement japonaise – le judo en 1882 –, celle-ci a en réalité été passée au préalable au filtre de l'Occident. L'inventeur de ce dernier, le jeune enseignant d'éducation physique Jigorō Kanō, était en effet attentif aux évolutions que connaissait le jujitsu outre-mer, aux États-Unis et en Europe, et qu'il récupère dans sa tentative d'adapter à la modernité un art martial caractéristique des guerriers samouraïs. S'enclenche ainsi un mécanisme d'appropriation indirecte : c'est la légitimation par le monde occidental qui contribue en retour à la formulation d'une altérité sportive radicale, concrétisée par la fondation du Kōdōkan, le « bâtiment pour l'enseignement de la Voie », dédié au judo.

L'essor du baseball dans la société japonaise de la première moitié du XXe siècle illustre de son côté la manière dont un produit culturel importé est assimilé pour pouvoir être considéré comme une pratique authentiquement nationale. Les joueurs de baseball nippons n'ont pas la sensation de s'adonner à un sport étranger parce qu'ils doivent respecter un ensemble de règles non écrites et implicites, inspirées du *bushidō*, le code moral des guerriers (*bushi* ou *samouraï*), telles que la loyauté, la discipline, une grande simplicité, la discrétion, la modestie, l'acceptation de la hiérarchie, l'obéissance absolue et la soumission au capitaine. Le *bushidō*, qui évoquait la période Tokugawa, celle qui précédait l'ère Meiji inaugurée en 1868, était tombé en désuétude pendant les décennies de modernisation du Japon à marche forcée. Il était cependant revenu sur le devant de la scène dans l'entre-deux-guerres avec l'affirmation du militarisme et la volonté de conquête coloniale. Pour résoudre la contradiction posée par le fait qu'un régime ayant pour ambition de préparer le Japon à l'avenir se réfère à une idéologie du passé censée être révolue, le *bushidō* avait alors été assimilé au stoïcisme grec. La comparaison avec ce courant philosophique prouvait une nouvelle fois la force de la référence à l'Antiquité dans l'imaginaire collectif japonais. Dans ce cas précis, elle remplit une double fonction : légitimer une éthique locale en lui donnant un sens universel et intemporel et, dans le même temps, remettre au goût du jour des valeurs aristocratiques déchues en leur donnant une apparence de modernité.

L'intégration au mouvement olympique, tel qu'il avait été forgé par Coubertin, occupait par conséquent une place capitale dans ce système culturel. Jigorō Kanō, responsable de l'enseignement primaire au ministère de l'Éducation puis directeur de l'École normale supérieure de Tokyo, entretenait des contacts suivis avec les élites sportives européennes : en 1909, il fut ainsi coopté au sein du CIO, où il siégea jusqu'à sa mort en 1938, deux ans après avoir obtenu l'organisation des Jeux de 1940 dans la capitale japonaise – finalement annulés en raison du déclenchement du second conflit mondial. La désignation ultérieure de Tokyo pour l'olympiade de 1964 s'inscrit dans le cadre de cette relation solide et étroite : le Japon constituait depuis le début du siècle la tête de pont du Comité international olympique en Extrême-Orient et il lui resta fidèle, notamment lorsqu'il fallut torpiller l'initiative de l'Indonésie d'organiser des Jeux concurrents en Asie, les GANEFO – ces *Games of the New Emerging Forces*, qui se tinrent à Djakarta en novembre 1963 à l'initiative du président indonésien Soekarno, entendaient donner une dimension sportive aux mouvements des non-alignés qui s'affirmaient sur le plan international depuis les conférences de Bandung (1955) et de Belgrade (1961).

En vue des Jeux de 1964, le Comité olympique nippon négocie avec le CIO l'entrée de deux nouvelles disciplines dans le programme sportif : le judo bien sûr, mais aussi le volley-ball à la fois masculin et féminin – c'était la première fois que les deux catégories de sexe étaient introduites simultanément. Ce souhait s'explique aisément : les volleyeuses japonaises étaient championnes du monde en titre et représentaient une bonne chance d'obtenir une médaille d'or. Le gouvernement nippon fait même un don d'un million de yens à son homologue sud-coréen pour financer la participation de l'équipe nationale de ce dernier, afin de parvenir au nombre minimal de six formations nécessaires pour disputer un tournoi olympique.

La diffusion du volley-ball au Japon, dont les bases avaient été jetées par les formateurs de la YMCA dans l'entre-deux-guerres, s'est accélérée après 1945 : il devient alors le sport de la classe ouvrière, auquel on joue sans filet dans la rue ou sur le toit des usines pendant la pause déjeuner. C'est notamment le cas dans l'usine textile Nichibō Kaizuka, située au milieu des rizières à trente kilomètres au sud d'Osaka. En 1947, la direction de l'entreprise construit un gymnase pour que les 1 300 ouvrières, qui vivent à l'année dans le complexe industriel, dormant à quatre par chambre, entretiennent leur forme physique. La supervision des activités sportives est confiée à Hirobumi Daimatsu, un ancien combattant de retour d'un camp de prisonniers de Rangoon, en Birmanie. En 1958, après quatre ans d'existence, l'équipe de volley-ball de l'usine remporte toutes les compétitions nationales, ce qui conduit la fédération japonaise à la proposer pour défendre les couleurs du pays au championnat du monde féminin de 1960 à Rio de Janeiro. Les « filles de Nichibō » y perdent seulement le match décisif contre l'URSS – il ne s'agissait pas à proprement parler d'une finale, les compétitions internationales se déroulant alors selon la formule d'un championnat dont le premier au nombre de points engrangés était déclaré vainqueur. C'est alors le début d'une incroyable série de succès – 258 d'affilée sur une période de six ans –, avec d'abord une tournée de trois mois en Europe dans les pays de l'Est en 1961, poursuivie l'année suivante au championnat du monde de Moscou, où la formation soviétique est battue, à domicile, trois manches à une.

La force de l'équipe japonaise repose sur l'exceptionnelle qualité de son jeu de défense, qui permet de compenser la petite taille des titulaires – 1,30 mètre en moyenne, contre 1,65 mètre pour l'équipe russe, redoutable avec ses attaquantes puissantes, notamment la capitaine Antonina Ryzhova. Les ouvrières d'Osaka sont renommées pour leur capacité de ramener toutes les balles en effectuant des « roulés-boulés », c'est-à-dire des roulades après avoir empêché le ballon de toucher le sol, dans les positions les plus invraisemblables, par exemple en suspension à l'horizontale. Ces compétences techniques sont travaillées tous les jours de l'année lors d'entraînements d'une durée de huit heures au minimum, qui commencent vers 16 heures, après la journée de travail, et ne se terminent pas avant minuit. Lors de ces entraînements, Hirobumi Daimatsu laisse libre cours à son sadisme et à sa misogynie, ce dont se plaignait le syndicat de Nichibō Kaizuka, qui le qualifiait de « démon » et d'« ennemi des femmes ».

Lui, en revanche, ne s'en cache pas et même le revendique dans les deux livres qu'il publie, le premier en 1963 – *Oreni tsuitekoi* (*Suivez-moi*) – et le second après le titre olympique de 1964 – *Nasebanaru* (*Quand on veut, on peut*). Dans ces ouvrages, qui se vendent en tout à un million d'exemplaires, Daimatsu explique que sa conception de l'entraînement découle de son expérience de soldat. Il raconte ainsi comment, isolé dans la jungle birmane pendant cinq mois avec sa compagnie, il n'a dû sa survie qu'à la seule force de sa volonté, qui lui faisait oublier la gravité de ses blessures et lui permettait de dormir le moins possible, ce que n'avaient pas compris la plupart de ses camarades de combat qui avaient voulu se reposer un moment et en étaient morts. Il revient aussi, et longuement, sur le sentiment d'humiliation qu'il a éprouvé d'avoir dû obéir, quand il était prisonnier de guerre, à des femmes officiers de l'armée britannique, dont il avait dû laver les petites culottes et nettoyer les sanitaires. Les entraînements constituent ainsi pour Daimatsu l'occasion de se venger des affronts faits à sa virilité. Il considère que les travailleuses de Nichibō doivent se comporter comme des hommes : il n'accepte pas qu'elles soient parfois diminuées par leurs règles menstruelles et leur impose alors de jouer malgré la douleur.

Plus généralement, ses méthodes transposent en temps de paix les principes de la mobilisation totale qui avaient cours pendant la guerre. Daimatsu exige en premier lieu de ses joueuses qu'elles dorment le moins possible, comme lui a su le faire en Birmanie : l'année précédant le championnat du monde à Moscou en 1962, elles n'ont droit qu'à cinq heures de sommeil par nuit en moyenne ; pour préparer les

Jeux olympiques, cette moyenne baisse à trois heures et demie. L'entraîneur ne cesse en outre de rappeler que la guerre était exaltante malgré les souffrances endurées ou plutôt en raison de ces dernières. Il exhorte ainsi les volleyeuses sous ses ordres à ne pas être effrayées par les blessures et au contraire à s'habituer à elles. Même gravement diminuées, elles doivent continuer à jouer. L'une des titulaires participe ainsi au tournoi olympique avec un doigt cassé. À une autre qui a une infection rénale, il refuse qu'elle sorte du terrain : « Dès que tu abandonnes, tu es perdue. N'abandonne pas. Tant que tu considères que ta maladie n'est rien, tu peux la soigner. C'est en jouant au volley-ball avec ton cœur et ton âme que tu soigneras ton rein. »

Après la victoire au championnat du monde en 1962 et en prévision des Jeux de 1964, l'entraînement redouble encore d'intensité. Aux yeux de Daimatsu, ses troupes n'ont aucun talent et c'est en leur imposant des charges de travail insensées qu'il réussira à maintenir une « banale équipe de couturières » au plus haut niveau international. En 1963, il met au point des exercices qu'il décrira ensuite en ces termes : « À bout portant, depuis tous les angles possibles, je lançais de toutes mes forces des balles sur les joueuses, comme des rafales de pistolet mitrailleur. Je ne m'arrêtais jamais et continuais de bombarder les corps qui tombaient à terre et ne bougeaient plus. »

Devenir entraîneur dans le Japon de l'après-guerre a en somme permis à Hirobumi Daimatsu de tenter de donner un sens au fait d'avoir survécu aux combats. Dans son esprit, celles qu'il mène au front sont en mission pour défendre la fierté de la nation et le volley-ball devient un moyen de rédemption pour la patrie vaincue. Sa guerre ne s'était pas achevée dans la jungle birmane en 1945, et c'est seulement le 23 octobre 1964, après une victoire fulgurante sur l'URSS et quatre heures éprouvantes d'entraînement le matin même, qu'il estima avoir accompli son devoir.

Le retentissement de ce triomphe fut extraordinaire. Retransmis en direct sur les cinq chaînes de télévision nippones, il recueillit 85 % de part d'audience, dans un pays où 91 % des foyers possédaient déjà un téléviseur. On estime que plus des deux tiers de la population de l'archipel a regardé le match, le plus gros score jamais réalisé dans le pays. Les interprétations qui en furent données étaient toutefois ambivalentes.

La plus consensuelle lui donnait la valeur de point d'aboutissement du processus de modernisation et d'occidentalisation du Japon entamé avec l'ère Meiji. Un détail, d'ordre alimentaire, est à cet égard révélateur. Tout au long de l'année 1963, la presse donna ainsi des détails sur la préparation de l'équipe et précisa que les joueuses buvaient du lait tous les matins et mangeaient de la viande de bœuf une fois par semaine. Un tel régime était loin d'être anodin, car c'était précisément celui qu'avait préconisé l'empereur en 1872 pour fortifier le peuple, jugé trop chétif par rapport aux populations occidentales du temps.

Même si l'exemple venait de haut – Mutsuhito consommait du bœuf en public –, cette modification des habitudes culinaires avait rencontré de fortes résistances : seule la viande d'un animal sauvage était alors considérée comme comestible et le lait n'était bon que pour les veaux et sûrement pas pour les hommes. En 1932, ce dernier fut introduit dans les cantines scolaires, et c'est seulement à la fin des années 1950 que la consommation de viande entra définitivement dans les mœurs, même si elle reste encore aujourd'hui beaucoup plus faible que dans les sociétés occidentales. En 1964, l'insistance avec laquelle sont mis en avant les aspects nutritifs de la performance sportive réalisée montre que le gouvernement japonais ne relâchait pas ses efforts pour mettre en évidence le bien-fondé du tournant pris au début de l'ère Meiji dans tous les domaines de la vie quotidienne.

La deuxième interprétation faisait de la victoire la preuve de la justesse des idéaux nationalistes et militaristes qui avaient tenu la corde jusqu'en 1945. Dans *Nasebanaru*, son livre de souvenirs paru en 1964, Hirobumi Daimatsu se présente comme le porte-voix de tous les soldats morts sur les champs de bataille, qui enjoignent les joueuses à se sacrifier. « De quoi vous plaignez-vous ? » leur hurlait-il quand elles demandaient une pause dans les entraînements démentiels, « vous respirez et vous êtes vivantes, vous ! ». Dans son esprit, les volleyeuses devenaient des guerrières, dont les corps, recouverts de bandages et de pansements, rappelaient ceux des anciens combattants quand ils étaient revenus au Japon dans l'immédiat après-guerre : elles devaient s'en montrer dignes.

Le surnom de « Sorcières de l'Orient » (« *Tōyō no majo* ») que la presse nippone utilisait pour parler de l'équipe renvoyait lui-même, de manière implicite, à la mémoire collective du conflit. Selon Daimatsu, les journaux soviétiques avaient commencé par évoquer « le typhon de l'Orient » lors de la tournée de 1961 en Bulgarie, Roumanie, Pologne et Tchécoslovaquie, soulignant, avec cette métaphore météorologique, le caractère éphémère des victoires de la formation japonaise et sous-entendant que la tornade faiblirait quand elle arriverait à Moscou ; l'Union soviétique ayant été battue, le typhon serait devenu maléfique, et les médias japonais n'auraient fait que reprendre à leur compte le qualificatif. En réalité, ce sont bien ces derniers qui avaient créé l'expression, se souvenant qu'en Chine les soldats japonais étaient désignés comme les « *dongyanggui* » (« les démons de l'Orient ») et qu'un officier nippon était pour sa part un « *tōyō no maō* » (un « démon de l'Est »). Que les volleyeuses de Nichibō se voient gratifiées du sobriquet de « Sorcières de l'Orient » après leur premier succès sur l'URSS les inscrivait implicitement dans un imaginaire précis, lié à la geste militaire : elles avaient permis au Japon de prendre sa revanche sur la guerre de Mandchourie de 1939 et sur 1945. Toute cette veine interprétative était profondément réactionnaire, si l'on suit l'historien Michael Lucken. Contre ceux qui prétendaient que l'esprit de sacrifice valorisé dans les années 1930 avait mené au désastre, les exploits de l'équipe entraînée par Daimatsu venaient affirmer la force irrépressible de la volonté : on aurait pu et dû poursuivre les combats au lieu de capituler.

D'autres acteurs politiques, en premier lieu le Parti communiste japonais, tentèrent de substituer à ce schéma explicatif celui d'une classe ouvrière unie et solidaire comme l'avaient été les travailleuses de Kaizuka, remplissant la nation de fierté. C'est néanmoins une quatrième vision qui s'imposa progressivement. Elle mettait en avant le miracle économique qui se réalisait grâce à des valeurs de sacrifice identiques à celles des années 1930, mais mises dorénavant au service de l'économie et, par voie de conséquence, du pays qui ainsi se redressait. Qu'une équipe d'usine gagne une médaille d'or prouvait l'efficacité de cet état d'esprit, les souffrances éprouvées par les ouvrières trouvant dès lors leur justification.

Quel était l'avis des premières concernées, les douze championnes olympiques de 1964 ? Alors que leur épopée a fourni la matière à des dizaines de mangas depuis cette date, les médias japonais n'ont que très rarement donné la parole aux joueuses elles-mêmes. Il a fallu attendre la fin des années 2010 pour qu'un documentariste français, Julien Faraut, s'entretienne longuement avec cinq des sept volleyeuses encore en vie : les attaquantes Yoko Shinozaki, Yuriko Handa, Kinuko Tanida, la passeuse Katsumi Matsumura et la receveuse Yoshiko Matsumura.

Toutes jettent un regard rétrospectif très positif sur leur aventure sportive. Au rayon des bons souvenirs, elles évoquent en premier lieu la possibilité qui leur avait été donnée de voyager, ce qui n'était pas commun pour des jeunes filles de milieu populaire. Parmi les pays visités, la Roumanie leur avait fait bonne impression – un « pays convenable avec des gens très sympathiques » – alors que la Bulgarie était « trop campagnarde ». Entre également en compte la satisfaction d'avoir été les meilleures volleyeuses de leur usine et d'avoir surmonté une sélection impitoyable pour jouer dans l'équipe de l'entreprise. À les entendre, seule la pression qui leur avait été mise en 1963 et 1964 les avait terrifiées : en cas de défaite aux Jeux, elles auraient dû partir en exil, plaisantent-elles plus de cinquante ans après – à l'époque, elles avaient secrètement fait leur choix : c'est en Roumanie qu'elles se seraient bien vues poursuivre leur vie. En revanche, elles ne tiennent pas rigueur à leur entraîneur des durs traitements auxquels ce dernier les avait soumises. Pour ces femmes, nées entre la fin des années 1930 et le tout début des années 1940, toutes orphelines de père dès l'enfance – à l'exception de la capitaine Masae Kasai, plus âgée –, Hirobumi Daimatsu avait fait office de figure paternelle de substitution. Mais également, ajoute Yoshiko Matsumura, de « mari idéal ». On le voit, le philhellénisme des élites japonaises s'était bien enraciné dans la société nippone : même le complexe d'Œdipe avait traversé les mers et avait trouvé là son expression la plus pure.

Chapitre 7

Le gang des chaussettes noires (Mexico, 1968)

Ce n'est pas dans les entrailles de l'Estadio olímpico universitario de Mexico que tout a commencé, quand John Carlos est venu chercher Denise Smith, l'épouse de Tommie, pour lui demander de trouver des gants noirs en urgence. Qu'ils feraient quelque chose sur le podium, c'était certain, seule la forme que prendrait la protestation n'avait pas été totalement décidée. Deux jours plus tôt, le 14 octobre 1968, Jim Hines, médaille d'or et nouveau recordman du monde du 100 mètres, avait montré la voie : c'était bien au moment de la remise des médailles qu'il était possible de perturber le rituel olympique de manière efficace. Hines avait clamé haut et fort avant sa finale qu'il refuserait de serrer la main du président du CIO, son compatriote Avery Brundage, lorsque ce dernier s'approcherait de lui pour le féliciter. La menace avait suffi : Brundage s'était fait remplacer par le président de la Fédération internationale d'athlétisme. Les dirigeants olympiques semblent vouloir avant tout éviter la moindre anicroche : pour la finale du 200 mètres, promise elle aussi à un athlète noir américain, que ce soit Tommie Smith ou John Carlos, c'est toujours David Burghley, marquis d'Exeter, qui officiera, Brundage assistant le même jour aux épreuves de voile à Acapulco. Denise Smith revient bredouille, mais cela n'empêche pas son mari, qui vient à peine, lui aussi, de battre un record du monde, celui du 200 mètres, de prévenir le deuxième de la course, l'Australien Peter Norman, de se préparer à être estomaqué par ce à quoi il va assister. Norman ne se démonte pas et propose même de participer, d'une manière ou d'une autre, à la protestation qui va avoir lieu si Smith et Carlos le jugent utile. Ces derniers lui suggèrent d'accrocher à sa veste, comme ils le feront eux-mêmes, le badge de l'Olympic Project for Human Rights (OPHR), une association créée un an plus tôt à San José, en Californie. C'est là qu'a mûri le mouvement collectif des athlètes américains destiné à dénoncer la condition faite aux Noirs.

Depuis le début des années 1960, la baie de San Francisco constitue ainsi l'un des centres de la contestation politique aux États-Unis. C'est par exemple à l'université de Berkeley que se sont structurés en 1964 les premiers groupes d'étudiants revendiquant la liberté d'expression sur les campus, alors qu'à proximité immédiate, à Oakland, la grande ville noire, est né en 1966 le Black Panther Party. Tous les combats menés – pour l'égalité des droits et la justice sociale, contre la guerre du Viêtnam – et les formes de militantisme qui y sont associées essaiment et circulent autour de la baie, notamment au sud de celle-ci, à l'université d'État de San José, où émerge la figure d'un jeune enseignant contractuel en sociologie, recruté en 1967, Harry Edwards. Le verbe haut et clair, d'une stature imposante (2 mètres pour 100 kilos), celui-ci arrive de l'université de Cornell, sur la côte est, où il a fini ses études tout en effectuant de fréquents allers-retours à New York pour écouter les conférences de Malcolm X. Quelques années plus tôt, il avait commencé son cursus universitaire précisément à San José, grâce à ses qualités physiques qui lui avaient permis d'intégrer l'équipe d'athlétisme de l'établissement dans sa spécialité, le lancer du disque. Contrairement cependant à la plupart de ses congénères noirs bénéficiaires d'une bourse sportive, il avait choisi d'abandonner la carrière de discobole et de privilégier les diplômes et l'activisme politique.

Beaucoup de ses anciens camarades de promotion, qui eux avaient préféré persévérer dans la voie sportive, assistent à ses cours pour obtenir à leur tour la licence. Mais des étudiants plus jeunes sont également là, notamment les deux prodiges de la piste, Lee Evans, inscrit en deuxième année, et Tommie Smith, qui en mai 1967 fait la une de *Sports Illustrated*, le principal magazine sportif états-unien. Les deux sont originaires de la vallée agricole de San Joaquin, au centre de la Californie – de la ville de Fresno pour le premier et de la bourgade de Leemore pour le second –, où leurs parents se sont installés dans les années 1940, fuyant la misère du Sud, et travaillent durement comme métayers. Au milieu du semestre, ils sont rejoints par John Carlos, transféré d'une université du Texas dont il ne supportait plus le racisme diffus. Les trois fréquentent de manière assidue le séminaire d'Edwards intitulé « Minorités raciales et culturelles », qu'ils décrivent comme un moment fondamental dans leur formation intellectuelle et politique.

Leur professeur de sociologie les incite à se mobiliser, dans un premier temps à l'échelle de leur université, pour améliorer leurs conditions d'étude, qui sont bien moins bonnes que celles de leurs condisciples blancs. Tommie Smith doit ainsi compléter sa bourse, qui lui laisse à peine de quoi vivre, par des travaux d'intérêt général, comme balayer les espaces communs ou nettoyer les cuisines. À l'initiative d'Edwards est ainsi créée, à la rentrée 1967, une organisation militante, l'United Black Students for Action (UBSA), à l'image des milliers d'autres qui se structurent alors dans les établissements scolaires du pays. Son principal moyen de pression sur la direction du San José State College est la menace de boycotter les événements sportifs de la saison universitaire. Le 23 septembre, le match de football américain prévu contre l'équipe d'El Paso, au Texas, est ainsi annulé par le président de l'université, par crainte de débordements, ce qui provoque la fureur du gouverneur de Californie, Ronald Reagan – en 1966, le républicain avait été élu, à la surprise générale, après avoir mené une campagne électorale centrée sur la dénonciation de l'agitation étudiante à Berkeley, qu'il dépeignait comme un lieu de débauche et d'effondrement de l'autorité.

Tommie Smith fait partie, avec Lee Evans, des cinq membres du bureau de direction de l'UBSA. Deux semaines plus tard, le samedi 7 octobre, celui-ci se réunit dans l'appartement de Harry Edwards : Smith propose alors de changer de dimension et d'appeler à un boycottage des Jeux olympiques par tous les athlètes noirs américains. Il semble qu'il ait commencé à y réfléchir lors des Jeux mondiaux universitaires, qui se sont tenus à Tokyo au mois d'août, après la question d'un journaliste. Ce dernier l'avait interrogé sur ce sujet, parce qu'il s'agissait d'une des quatre-vingts résolutions adoptées par la conférence nationale du *Black Power* qui avait eu lieu en juillet à Newark, dans le New Jersey. Pour les congressistes, l'objectif principal était alors de soutenir le boxeur Mohamed Ali, qui venait d'être déchu de son titre de champion du monde des poids lourds parce qu'il avait refusé, en avril 1967, de s'enrôler dans l'armée pour aller se battre au Viêtnam. La proposition initiale de boycotter l'industrie de la boxe et, par extension, le tournoi olympique, avait été formulée à l'emporte-pièce. Elle avait néanmoins trotté dans la tête de Tommie Smith, à un moment où celui-ci cherchait les moyens de donner une plus grande envergure à son engagement pour la cause des Noirs.

Le comité de l'Olympic Project for Human Rights fondé par Edwards, Smith et Evans entend reproduire à l'échelle des États-Unis le mécanisme utilisé à San José : menacer d'un boycottage généralisé pour obtenir la satisfaction de revendications précises. Celles-ci portent majoritairement sur des points spécifiquement états-uniens (soutien à Mohamed Ali, fonctionnement des institutions régissant l'athlétisme et le mouvement olympique), mais comportent également une dimension internationale inspirée par le panafricanisme : obtenir l'exclusion de l'Afrique du Sud et de la Rhodésie des Jeux olympiques.

Harry Edwards est la cheville ouvrière de l'OPHR. Portant désormais des lunettes noires en public, ce qui lui donne un halo de mystère, le tribun enchaîne les interventions médiatiques un peu partout aux États-Unis. Au fil des mois, le projet gagne de plus en plus de partisans et semble pouvoir être réellement mis en œuvre. Sa radicalité lui vaut l'opposition résolue des cercles intellectuels les plus influents de la communauté noire – pour qui les succès obtenus par des sportifs africains-américains aux Jeux constituent un instrument de promotion incomparable – et, symétriquement, le soutien enthousiaste des révolutionnaires : en février 1968, Stokely Carmichael, un des fondateurs du parti des Panthères noires, déclare par exemple à Oakland que l'olympisme est « une absurdité blanche ».

En ce qui concerne la lutte contre l'apartheid, l'élargissement de l'audience de l'OPHR aux États-Unis contribue à renforcer la pression exercée sur le Comité olympique américain (l'United States Olympic Committee – USOC) et, par ricochet, sur le

CIO. Le 15 février 1968, ce dernier annonce la réintégration de l'Afrique du Sud dans le mouvement olympique. Dans un premier temps, Avery Brundage refuse de céder face au tollé mondial que provoque cette décision et à la coalition formée immédiatement par les pays africains, non alignés et socialistes. Alors que ceux-ci avertissent qu'ils envisagent de se retirer des Jeux, Brundage prévient que, s'il le fallait, seuls lui et cinq Sud-Africains iraient au Mexique. Les positions de l'OPHR s'en trouvent renforcées, puisque Harry Edwards demande depuis le mois de décembre 1967 la démission du président du CIO, qu'il qualifie de « personnalité fervemment antisémite et anti-nègre ». Quoi qu'il en soit, à la fin du mois d'avril, le Comité international olympique se résout à exclure l'Afrique du Sud des Jeux olympiques. Du point de vue des athlètes noirs américains, la principale revendication de l'OPHR se retrouve ainsi satisfaite et la perspective d'un boycottage semble s'éloigner.

Il n'est en fait pas certain qu'elle ait été autre chose qu'une menace agitée pour établir un rapport de force avec les institutions sportives états-uniennes. Pour la plupart de ceux qui faisaient une carrière dans les disciplines athlétiques, il n'était tout simplement pas envisageable de ne pas participer aux Jeux. À l'époque, on n'y allait en général qu'une seule fois dans sa vie, et ceux-ci représentaient la consécration d'une trajectoire personnelle entamée dès l'enfance. À ces rétributions symboliques s'ajoutaient en outre des considérations liées à la reconversion professionnelle postolympique :

pour bien des sprinters états-uniens, la gloire d'avoir remporté une médaille constituait ainsi la garantie de pouvoir intégrer ensuite des clubs de football américain. Avant Mexico, tant Jim Hines que Tommie Smith se sont ainsi déjà mis d'accord sur les termes d'un futur contrat avec les Miami Dolphins et les Los Angeles Rams.

En revanche, une telle configuration n'est pas valable pour une autre discipline, le basket-ball, où la proportion de Noirs sélectionnés est élevée. Les épreuves olympiques y ont en effet moins d'importance qu'en athlétisme, sur les plans symbolique et donc économique. Dans le monde du basket professionnel états-unien, la valeur des jeunes joueurs s'établit exclusivement en fonction de leurs performances dans le championnat universitaire de la NCAA (National College Athletic Association). Par conséquent, que les étudiants basketteurs participent ou non aux Jeux n'a que peu d'incidence sur leur future carrière, ce qui les libère des considérations liées à leurs stratégies d'ascension sociale et leur laisse une plus grande possibilité de faire des choix selon leurs convictions politiques. Ainsi s'explique que le mot d'ordre de boycottage des Jeux par les sportifs noirs états-uniens ait été davantage suivi par les basketteurs. Par exemple, les trois vedettes de l'université de Californie à Los Angeles (UCLA) – Lew Alcindor, Mike Warren et Lucius Allen – ainsi que celle de l'USC (University of Southern California), Bill Hewitt, refusent la sélection olympique. Pendant l'été 1968, le pivot Lew Alcindor, qui prend alors le nom de Kareem Abdul-Jabbar, préfère enseigner les rudiments du basket-ball à des jeunes des quartiers défavorisés de New York, sa ville natale. Dans son autobiographie, *Giant Steps*, il confiera plus tard avoir adhéré de manière convaincue à l'OPHR : « Puisque l'Amérique blanche continuait à maltraiter les Noirs, elle pouvait bien gagner les Jeux par elle-même » ; et, une fois sa position rendue publique, il se rappelle avoir été « inondé de lettres haineuses, qui [le] traitaient de nègre arrogant et de traître ».

Dans ce contexte, il est d'autant plus impératif pour Tommie Smith et John Carlos d'exprimer leurs positions politiques à Mexico qu'ils ont, pour leur part, renoncé au boycottage. Leur choix s'est porté sur la cérémonie de victoire, le 16 octobre. L'intervalle entre la fin de la finale du 200 mètres, un peu avant 18 heures, et la remise des médailles, moins d'une demi-heure plus tard, juste avant le coucher du soleil, laisse peu de temps pour improviser quelque chose. Mais le problème est que John Carlos a oublié sa paire de gants noirs : Denise Smith ne parvenant pas à s'en procurer une à l'improviste, les deux athlètes se partagent celle de Tommie – la main droite pour ce dernier, la gauche pour Carlos. Comme ils s'en expliquent lors de la conférence de presse qui suit – et Smith le répétera le lendemain dans un long entretien avec Howard Cosell sur ABC –, le geste de lever le poing est bien tiré du répertoire des militants du *Black Power* : leur mentor, Harry Edwards, l'exécute avant chacune de ses apparitions publiques et lui a consacré une de ses conférences en mai 1968 (« Symbolisme du poing serré dans le *Black Power* »). De même, le fait de baisser la tête au moment où retentit l'hymne national du vainqueur pour ne pas regarder le drapeau qu'on est en train de hisser n'est pas inédit. En 1936, les Coréens Sohn Kee-chung et Nam Sung-yong, arrivés premier et troisième du marathon qu'ils avaient dû courir sous des noms japonais – Kitei Son et Shoryu Nan –, avaient fait de même pour protester contre leurs colonisateurs nippons. Avec toutefois une différence de taille : ici, il s'agit de s'opposer à son propre pays, ce qui est suggéré par d'autres détails vestimentaires. Smith et Carlos ont ainsi couru leurs quatre courses (les deux éliminatoires, la demi-finale et la finale) avec des chaussettes noires remontées sur les mollets au lieu de celles de couleur blanche de la tenue officielle de l'équipe états-unienne. Juste avant de monter sur le podium, ils retirent leurs chaussures – Smith brandissant même la gauche sur la plus haute marche pour bien le souligner – afin de dénoncer la pauvreté de la majorité des Noirs qui n'ont pas les moyens financiers d'en acheter pour faire du sport. En outre, Tommie Smith s'est enroulé une écharpe noire autour du cou, tandis que John Carlos a mis un collier, ce qui est censé, selon eux, évoquer les lynchages dont ont été et sont alors toujours victimes les Africains-Américains dans les États du sud des États-Unis. Enfin, le badge de l'OPHR est là pour rappeler la dimension internationale et collective de leur engagement.

Smith et Carlos ont réussi leur coup d'éclat : dans les jours suivants, on ne parle que d'eux, non seulement à Mexico mais dans le monde entier. Aux États-Unis, la nouvelle s'est d'abord diffusée par le biais d'une dépêche de l'Associated Press, qui parle d'« une sorte de salut nazi ». On voit là l'effet de la grille de lecture, caractéristique de la guerre froide, inspirée des théories sur le totalitarisme : mettre en cause la nation, c'est faire le jeu de son principal ennemi, le communisme, lui-même équivalent du nazisme dans l'échelle de l'abomination. Ce type d'interprétation est alors largement répandu, même dans la communauté noire. Une figure comme Jesse Owens, qui à la fin de sa vie intègre l'*establishment* sportif états-unien, condamne ainsi le comportement de Smith et Carlos qui ferait « le jeu des Russes ». Dans le livre qu'il consacre deux ans plus tard à la « pensée noire », Owens considère que celle-ci est un danger pour la démocratie et qu'elle évoque pour lui ce qu'il avait combattu à Berlin, à savoir les théories hitlériennes. Plus généralement, la quasi-totalité des commentateurs condamnent ce geste qu'ils jugent scandaleux. Et ils le font parfois de manière virulente : pour le *Time*, la devise olympique « *Citius, Altius, Fortius* » (« Plus vite, plus haut, plus fort ») devrait être remplacée par la formule « *Angrier, Nastier, Uglier* » (« Plus en colère, plus méchant, plus laid »), désormais plus appropriée ; pour un journaliste de l'Arkansas, Smith et Carlos sont même des « gangsters », comparables aux émeutiers de Harlem en 1964, de Watts en 1965 ou de Detroit en 1967.

Les jugements sont néanmoins le plus souvent méprisants, l'immaturité des deux sprinters étant mise en avant. Quelques jours plus tard, un autre médaillé d'or des Jeux de Mexico, noir lui aussi, le boxeur George Foreman, développe d'ailleurs ce thème de la puérilité lorsqu'il fustige « un truc d'étudiants » vivant « dans un autre monde » – cette réaction montrait par ailleurs la distance sociale séparant les univers de l'athlétisme et de la boxe, les pratiquants de cette dernière n'accédant jamais à l'université.

La réaction du CIO ne se fait pas attendre. Dès le lendemain soir, Tommie Smith et John Carlos sont exclus du village olympique et de la délégation américaine. Pour Avery Brundage, il faut frapper fort pour décourager toute velléité d'imitation d'une attitude qu'il juge séditieuse. Cet objectif est en partie atteint : le sauteur en longueur Bob Beamon se contente de porter des chaussettes noires, tout comme les sprinters des relais 4 × 100 mètres et 4 × 400 mètres ; Dick Fosbury, quant à lui, lève et serre le poing droit sur la plus haute marche du podium du saut en hauteur après avoir reçu sa médaille. Mais aucun ne porte de gants noirs ni ne réagit au moment des hymnes.

Les officiels olympiques redoutent en particulier le 400 mètres, dans lequel Lee Evans est engagé. Avant la finale, le vendredi 18 octobre, le président de l'USOC vient menacer ce dernier, ainsi que Larry James et Ron Freeman, de les disqualifier s'ils tentaient quoi que ce fût. Ils en viennent presque aux mains. Cependant, trois heures plus tard, si les trois athlètes portent un béret noir évoquant celui des *Black Panthers* et lèvent le poing après qu'on leur a passé leur médaille autour du cou – ils ont fini aux trois premières places et Lee Evans a lui aussi battu le record du monde –, ils restent cois pendant le reste de la cérémonie. Lors de la conférence de presse, ils s'appliquent ensuite à réfuter toute dimension politique de leur tenue – le béret était destiné à se protéger de la pluie – et à leurs poings levés – une manière de saluer comme une autre. Harry Edwards ne leur pardonnera pas : dans l'ouvrage qu'il publie en 1970 sur les événements des Jeux de Mexico, *The Revolt of the Black Athlete*, il range implicitement les médaillés du 400 mètres dans la catégorie de ceux qui n'ont pas eu le courage de protester dans le but de protéger leur carrière.

Il est vrai que c'était là le principal risque que couraient les sportifs les plus militants. Les sanctions infligées à Tommie Smith et à John Carlos étaient en effet aussi lourdes symboliquement qu'inoffensives dans l'immédiat. Ainsi, lorsque des représentants du CIO se présentent au village olympique tard dans la soirée du jeudi 17 octobre pour expulser les deux bannis, ceux-ci l'ont déjà quitté pour aller loger en ville avec leurs épouses respectives. Étant donné qu'ils ne disputaient pas de relais, les Jeux étaient en réalité déjà terminés pour eux. Le 22 octobre, ils sont même accueillis en héros à San José State College par 1 500 étudiants enthousiastes. En revanche, la signature du contrat de Smith avec le club de football américain des Rams est annulée et, dans les années 1970, aucun des deux ne pourra entreprendre une carrière d'entraîneur dans une université, ce qui était attendu pour des athlètes de ce niveau.

Quoi qu'il en soit, si l'USOC et Avery Brundage, le président du CIO, ont accepté de fermer les yeux sur les aspects les moins spectaculaires de la contestation à Mexico – que ce soit le port des différentes paires de chaussettes noires ou, par exemple, le fait que le sauteur en longueur Ralph Boston est pour sa part monté sur la troisième marche du podium les pieds nus –, il est hors de question pour eux que de tels épisodes se reproduisent quatre ans après à Munich. Dans cette optique, une attention particulière est d'abord accordée à l'équipe de basket-ball. Le comité de sélection pour les Jeux de 1972 commence ainsi par écarter largement, par 38 voix contre 11, le nom du plus prestigieux *coach* du pays, John Wooden, de l'UCLA. Si le palmarès de ce dernier dans le championnat universitaire de la NCAA en faisait pourtant le prétendant idéal, ses orientations politiques libérales – au sens nord-américain du terme – déplaisent fortement en haut lieu. On nomme donc Henry Iba, de l'Oklahoma State University, dont le dernier titre NCAA remonte à 1946, mais dont le « patriotisme », éprouvé lors des expéditions olympiques de 1964 et 1968, est hors de doute. En ce qui concerne les joueurs noirs présents dans l'équipe de 1972 – au nombre de six, soit la moitié de l'effectif –, les sélectionneurs s'assurent auparavant de leur « moralité », quitte à se passer d'un des meilleurs pivots à disposition, Marvin Barnes, de l'université du Maryland, soupçonné d'être un militant de la cause noire. Les dirigeants olympiques américains prennent ainsi le risque d'affaiblir considérablement la formation envoyée à Munich, d'autant qu'ils doivent également faire face à une forme de boycottage larvé de la part de l'équipe des *Bruins* de l'UCLA.

En 1972, l'équipe de l'université de Los Angeles remporte son sixième titre de champion universitaire consécutif, mais, à l'acmé de la guerre du Viêtnam, la plupart de ses joueurs sont en effet réticents à l'idée de représenter une nation dont ils désapprouvent la politique extérieure. C'est notamment le cas du meilleur d'entre eux, le pivot Bill Walton, militant pacifiste et antimilitariste, qui prétexte une blessure à la cheville. Il avait en outre gardé un très mauvais souvenir de sa convocation dans l'équipe des forces armées représentant les États-Unis aux championnats du monde de basket-ball de 1970 organisés en Yougoslavie, où le sélectionneur, Hal Fisher, un proche de Henry Iba, l'aurait « traité comme un chien ». « S'ils voulaient me faire vivre dans des baraques militaires, dormir sur des lits minuscules et manger à la cantine » précise-t-il dans son autobiographie publiée en 1994, *Nothing but Net*, « je n'étais pas intéressé ».

Il est en tout cas conforté dans son refus par les positions de son entraîneur, le populaire John Wooden, le « magicien de Westwood », qui, quatre ans auparavant, avait refusé de sanctionner Kareem

Abdul-Jabbar après que ce dernier avait boycotté les Jeux de Mexico. Wooden estime que l'antisoviétisme a perverti l'esprit des Jeux. Lorsque les journalistes lui font remarquer l'importance de la rivalité avec l'URSS, il rétorque : « Est-ce que les Jeux olympiques ne sont que ça ? Participons-nous contre une seule équipe, ou participons-nous pour jouer contre tous les pays ? Je suis aussi patriote que n'importe qui, mais j'ai perdu mes illusions. »

Du côté de l'athlétisme, tout semble également sous contrôle, jusqu'à l'incident intervenu le 7 septembre 1972 sur le podium du 400 mètres. Dans une version atténuée du geste de Tommie Smith et John Carlos à Mexico, Vincent Matthews et Wayne Collett, respectivement premier et deuxième de la course, tous les deux en tenue d'entraînement et sans le costume officiel de la délégation états-unienne, le second pieds nus, détournent alors ostensiblement le regard de la bannière étoilée et entament une discussion entre eux lorsque retentit le *Star Spangled Banner*, enfreignant la Charte olympique qui recommande le silence pendant l'exécution des hymnes. Étrangement cependant, les deux divergent ensuite dans l'interprétation de ce qu'ils viennent de faire. Alors que Collett lève le poing en quittant le stade en signe de défi à « l'Amérique blanche », Matthews feint l'étonnement : « Si les gens considèrent notre intervention sur le podium comme une protestation, eh bien, certaines personnes peuvent bien regarder *Alice au pays des merveilles* et y voir de la pornographie. » L'argument ne convainc pas Avery Brundage, qui trouve ce spectacle « répugnant » et prononce l'exclusion du mouvement olympique à vie pour les deux athlètes, ce qui constituait une sanction plus sévère que celle infligée à Smith et Carlos quatre ans auparavant.

Toutefois, la manifestation de protestation munichoise, à la différence de celle de Mexico, tombe dans l'oubli, ce qui pose la question du décalage dans leur réception respective. A sans aucun doute joué un rôle le caractère isolé de l'action de Matthews et Collett, qui ne s'appuyait pas sur un mouvement collectif susceptible de lui donner sens. En 1972, il n'y avait plus de Kareem Abdul-Jabbar, mais un Bill Walton et ses coéquipiers des *Bruins* qui avaient choisi de ne pas revendiquer leur boycottage des Jeux. Sans doute ces derniers se savaient-ils à contre-courant de l'opinion majoritaire – la « majorité silencieuse » théorisée en 1969 par Spiro Agnew, le conseiller politique de la Maison Blanche – et préférèrent-ils se taire. En ce sens, leur silence préfigurait le sort qui allait être réservé au candidat démocrate George McGovern aux élections présidentielles programmées au mois de novembre. Avec son programme radical, fondé sur le pacifisme et la recherche d'une plus grande justice sociale, il fut balayé par Richard Nixon.

Chapitre 8

Trois secondes de guerre froide (Munich, 1972)

En 1973, dans son introduction au *Dimanche de Bouvines*, le médiéviste Georges Duby rappelait l'objectif premier de l'historien : « Établir d'abord ce qui s'était vraiment passé à cet endroit le 27 juillet 1214. » Le lieu en question se situait en Flandres, où les armées du roi de France, Philippe Auguste, remportèrent une victoire décisive qui permit ensuite au Capétien de se proclamer « empereur en son royaume ». « À vrai dire », ajoutait Duby, ce but est « inaccessible [...] puisque, nous le savons bien, tous ceux qui assistent à une bataille, fussent-ils en plus haute éminence, [...] ne voient que bousculade confuse ; nul n'a jamais perçu, nul ne percevra jamais dans sa vérité totale, ce tourbillon de mille actes enchevêtrés qui, dans la plaine de Bouvines, se mêlèrent inextricablement ce jour-là, entre midi et cinq heures du soir ». Les événements contemporains, dont les traces sont pourtant bien plus abondantes, n'échappent pas à la règle. Tous ceux qui ont assisté à la finale du tournoi olympique de basket de Munich opposant les États-Unis à l'URSS l'ont reconnu par la suite sans ambages : ils n'avaient alors rien vu et encore moins compris quelque chose. Que s'est-il donc passé à la Rudi-Sedlmayer-Halle de Munich dans la nuit du samedi 9 au dimanche 10 septembre 1972, entre 23 h 45 et 1 h 14 du matin ?

Y survint un événement littéralement extraordinaire, et ce, à double titre : d'une part, l'équipe de basket états-unienne y est défaite par celle d'URSS et voit le titre olympique lui échapper pour la première fois ; d'autre part, le dénouement du match est particulièrement confus. Alors que les Nord-Américains mènent d'un point (50-49) à trois secondes de la fin de la rencontre, ces trois secondes sont données à rejouer à trois reprises, à l'issue desquelles les Soviétiques marquent dans les derniers dixièmes de seconde de la partie le panier décisif qui leur offre la victoire (51-50).

D'un point de vue strictement technique, ce revers américain témoigne de l'uniformisation des niveaux de jeu au bout d'un processus de diffusion puis d'appropriation d'une pratique sportive à partir de son foyer originel – ce qui, somme toute, est relativement banal. Néanmoins, les interprétations données à cet échec du côté états-unien le transforment en désastre et insèrent l'événement dans un récit qui dépasse le cadre sportif, contribuant à lui donner le statut d'un épisode important de la guerre froide.

Deux facteurs sont décisifs en ce sens. Le premier est que la rencontre a eu pour cadre les Jeux olympiques, auxquels l'URSS participe depuis 1952. On sait déjà comment, à chaque olympiade, le sport s'inscrivait depuis dans les structures d'une *Cold War* culturelle. Du côté des États-Unis, l'United States Information Agency, une agence d'État fondée en 1953, qui centralisait les divers programmes de propagande à l'étranger, considère le sport comme un moyen privilégié pour gagner les cœurs et les esprits des masses. Elle diffusa largement un pamphlet promis à une belle postérité, *Sport behind the Iron Curtain*, qui fustigeait ce que l'on commençait à dénommer « *the big red machine* » – la machine sportive soviétique. De l'autre côté du rideau de fer, l'appareil d'État soviétique attache une grande importance à la victoire sur les adversaires au décompte général des médailles, performance toujours réalisée sauf lors des Jeux d'Helsinki et de Mexico en 1952 et 1968.

Le second facteur qui donne sa dimension à l'événement est qu'il s'agit d'un match de basket-ball. Dans la géopolitique des sports collectifs, ce sport est en effet le seul parmi les plus médiatisés à permettre au XXe siècle des confrontations entre équipes américaines et soviétiques, le *soccer* demeurant marginal au sein de la culture de masse états-unienne et le hockey sur glace restant confidentiel à une échelle planétaire. À ce titre, la rencontre de Munich fait événement en ce qu'elle constitue l'aboutissement d'une dynamique qui construisait peu à peu le basket-ball comme une des modalités de l'antagonisme culturel et sportif entre deux pays, dont l'un avait vu l'invention du jeu en 1891 et sa diffusion grâce au prosélytisme de la

Young Men's Christian Association, et l'autre n'eut de cesse qu'il parvînt à battre le premier sur les parquets, ce qu'il réussit pour la première fois lors de la finale olympique de 1972.

C'est dans l'immédiat après-guerre que l'URSS avait mis fin à son isolement sportif en rejoignant les organismes internationaux : les fédérations internationales de football et d'athlétisme en 1946, puis celle de basket-ball en 1947. Cette internationalisation semblait la suite logique de la participation de l'Union soviétique, qui avait joué un rôle déterminant dans la victoire des Alliés, à la définition du nouvel ordre mondial, avec entre autres la fondation des Nations unies en 1945. En réalité, les prémices de ce rapprochement remontent au milieu des années 1930 quand, au lendemain de l'abandon de la ligne « classe contre classe », l'URSS avait laissé dépérir puis, en 1937, dissous l'Internationale rouge du sport, créée à Moscou en juillet 1921. Il s'agissait dorénavant de favoriser les rencontres sportives avec les nations capitalistes, confrontations susceptibles de rehausser le prestige de la patrie du socialisme. C'est à ce moment que furent jetées les bases du système sportif soviétique, associant pratique de masse des hommes et des femmes – c'était là un trait alors exceptionnel – et formation d'une élite compétitive dans le cadre d'un amateurisme d'État. Tous les sports ou presque étaient concernés par cette politique volontariste, du moment qu'ils étaient inscrits au programme olympique, ce qui devait faciliter l'établissement de relations sportives.

L'essor du basket-ball, présent pour la deuxième fois au Jeux olympiques à Berlin en 1936 (après une éphémère apparition à Saint Louis en 1904), est ainsi favorisé. S'il ne jouit pas des faveurs des ouvriers dont la préférence va au football et au hockey sur glace, il se place néanmoins au troisième rang des sports collectifs les plus pratiqués en URSS, attirant notamment les classes moyennes urbaines en voie de constitution et les étudiants. Il n'était donc pas si étonnant que lorsque la Fédération internationale de basket-ball amateur, fondée en 1932, convia des équipes soviétiques à participer aux championnats d'Europe masculin en 1947 et féminin en 1950, l'impétrant s'adjugeât les deux titres continentaux. Néanmoins, l'immédiate suprématie masculine, confirmée en 1951 et 1953, était en partie due à un autre facteur, géopolitique celui-là, à savoir l'intégration des joueurs originaires des pays Baltes. L'apport des Lettons, premiers champions d'Europe en 1935, et des Lituaniens, qui remportèrent le titre en 1937 et 1939, très habiles au tir, allié à la vitesse des Géorgiens et à la force physique des Russes, contribua à faire de l'équipe soviétique une formation multinationale à l'efficacité redoutable. Le basket-ball pouvait donc apporter sa pierre à l'objectif défini en décembre 1948 par le Comité central du Parti communiste d'Union soviétique qui ne visait rien de moins que l'établissement d'une suprématie mondiale sur les sports majeurs. Aussi, à peine l'URSS eut-elle adhéré au Comité international olympique en janvier 1952, qu'elle formula le vœu que fût organisé un tournoi féminin aux Jeux prévus à Helsinki – demande alors refusée car trop tardive, mais réitérée à chaque olympiade avant d'être acceptée pour les Jeux de Montréal en 1976.

En Finlande, les premières rencontres entre les équipes soviétique et américaine tournèrent à l'avantage de la seconde, d'abord en poule de qualification (86-58) puis en finale (36-25). Nulle trace d'une rhétorique de guerre froide dans les récits des deux parties, les journalistes des deux bords se cantonnant à un compte rendu descriptif et technique alors que les observateurs neutres en louèrent l'atmosphère « sympathique » empreinte de fair-play. En ce sens, les Jeux olympiques d'Helsinki furent bien tout autant les premiers Jeux de la guerre froide que ceux des premières manifestations de la politique de coexistence pacifique de la fin de l'ère stalinienne. Les sportifs de l'Est se voulaient les meilleurs défenseurs de l'esprit olympique et n'eurent de cesse de se présenter comme « les ambassadeurs de l'amitié entre les peuples et de la paix ».

En revanche, le déroulement des matchs eut une double conséquence sur le jeu lui-même. D'une part, les Soviétiques, se sachant largement inférieurs à leurs adversaires après la première confrontation, adoptèrent en finale une stratégie ultra-défensive, faite de redoublements de passes, afin de confisquer la balle et d'encaisser le moins de points possible – leur possession la plus longue atteignit douze minutes ! Cette manœuvre dilatoire incita la FIBA à instaurer la règle de la limite des trente secondes avant un tir. D'autre part, l'encadrement soviétique attribua la défaite de son équipe non à une quelconque supériorité tactique ou technique des États-Unis mais uniquement à la taille de leurs joueurs. Les Soviétiques furent en effet opposés à des « géants » tels que Bob Kurland (2,13 mètres), Markus Freiberger (2,10 mètres) et Clyde Lovelett (2,09 mètres). Les années suivantes commença ainsi en URSS la chasse aux grands dépassant le double mètre auxquels enseigner les rudiments du basket, tel Jan Kruminch, un bûcheron letton de 2,18 mètres repéré par l'entraîneur soviétique Alexander Gomelsky alors qu'il circulait à bicyclette dans la banlieue de Riga, et qui finit par participer aux Jeux de Melbourne en 1956. Dans les années 1950 et 1960, la sélection systématique d'un pivot imposant et à l'habileté inversement proportionnelle à la taille devient un trait caractéristique des équipes soviétiques masculines et féminines.

Ces efforts permirent à l'URSS de se hisser à la deuxième place lors des trois tournois olympiques suivants à Melbourne, Rome et Tokyo, et d'obtenir la médaille de bronze à Mexico – elle fut alors battue en demi-finale par la Yougoslavie –, mais jamais de battre les États-Unis, qui demeuraient les maîtres incontestés de leur sport. S'était ainsi établie une hiérarchie des valeurs, qui semblait intangible et relevait d'une évidence naturelle. Elle expliquait pourquoi les affrontements olympiques réguliers entre les équipes états-unienne et soviétique de basket ne s'inséraient pas pleinement dans les mécanismes d'opposition symbolique et culturelle entre les deux Grands propres à chaque olympiade. Ainsi, en URSS, les basketteurs occupaient une place marginale dans la hiérarchie des héros sportifs célébrés à leur retour des Jeux, bien après les gymnastes, les lutteurs, les haltérophiles, les athlètes et les champions de tir. Aux États-Unis, l'équipe olympique ne suscitait que peu d'engouement auprès du public. Elle était composée pour l'essentiel d'étudiants participant au championnat universitaire de la National College Athletic Association (NCAA) dans l'attente d'être recrutés par les formations professionnelles de la NBA et de la ligue concurrente apparue en 1967, l'American Basketball Association (ABA). En outre, le tournoi organisé dans le cadre des Jeux ne constituait presque qu'une tournée d'exhibition forcément triomphante contre les Européens, simple piqûre de rappel du juste ordre des choses. De fait, le système sportif nord-américain fonctionnait de manière autarcique, le championnat de la NBA étant chose bien plus sérieuse puisqu'il désignait le « champion du monde » et non la meilleure équipe du pays. C'est donc à la surprise générale que ce bel agencement prit fin à Munich.

Toutefois, la défaite en finale des Jeux olympiques ne peut pas être considérée comme un coup de tonnerre dans un ciel serein. Les dirigeants du Comité olympique américain (l'United States Olympic Committee – USOC) s'inquiétaient notamment des évolutions récentes du monde professionnel du basket-ball, agité par des tensions commerciales entre la NBA et l'ABA. Cette dernière, afin de prendre le dessus sur sa concurrente, avait par exemple engagé une politique agressive de recrutement des meilleurs étudiants avant la fin de leurs études. Mais elle venait surtout de briser le consensus qui voulait que, les années olympiques, la NBA ne fît débuter ses contrats de travail qu'au mois de septembre afin de ne pas contrevenir aux dispositions du CIO sur l'amateurisme. Ainsi, au mois de mars 1972, à la fin de la saison universitaire, trois des stars du championnat NCAA étaient passées directement dans des franchises de l'ABA. Il s'agissait de Julius Erving, George McGinnis et Jim Chones, le pivot de l'université de Marquette (Wisconsin), resté invaincu cette année-là : tous les trois auraient pu prétendre participer aux Jeux olympiques s'ils n'avaient cédé aux sirènes du professionnalisme.

L'encadrement technique états-unien se méfiait également du niveau de jeu atteint par les Soviétiques et avait plusieurs fois averti que battre ces derniers ne serait pas une simple formalité. Aussi les membres du comité de sélection de l'équipe olympique avaient-il pris leurs précautions afin d'éviter toute bévue, ce qui à leurs yeux impliquait une préparation de type militaire. Les douze recrues passèrent par conséquent l'été entre les bases navales de Pearl Harbor et de San Diego, avant de rejoindre un camp de la CIA situé à 75 kilomètres de Munich. Cet hébergement fut préféré au village olympique et à ses infrastructures d'entraînement car le *coach* Henry Iba craignait que des espions soviétiques ne cherchent à connaître les combinaisons tactiques mises en place.

Le second souhait émis par l'entraîneur états-unien était de disposer d'éléments obéissants, dont le « patriotisme » ne pouvait être mis en doute, et sans forte tête, quitte à se priver, on l'a vu, d'éléments de qualité. Si l'équipe états-unienne envoyée à Munich n'était donc pas la meilleure possible, celle d'Union soviétique constituait en revanche un groupe très solide et multinational, comme à son habitude : aux ailiers Modestas Paulauskas, du Zalghiris de Kaunas, et Mikhail Korkia, du Dinamo de Tbilissi, s'ajoutaient notamment l'arrière Sergueï Belov et le meneur Ivan Edeshko, tous deux du CSKA de Moscou, ainsi que le pivot de 2,03 mètres du Spartak de Leningrad, Alexander Belov.

Une tragédie en trois temps

Les deux formations s'affrontent à une heure tardive, le match débutant peu avant minuit, afin de permettre à la chaîne ABC de le retransmettre en début de soirée aux États-Unis. Le procédé, inhabituel, n'avait pas été adopté pendant le reste de la quinzaine olympique, trois rencontres de la poule de qualification n'ayant pas été diffusées en Amérique du Nord, les cinq autres – y compris la demi-finale contre l'Italie – ayant seulement eu droit à un résumé des meilleurs moments. C'est dire l'importance symbolique que revêt l'affrontement avec l'URSS, qui est ainsi le premier match de basket-ball à bénéficier d'une diffusion télévisée à l'échelle planétaire, les Jeux de 1972 constituant, après la Coupe du monde de football mexicaine de 1970, le deuxième événement sportif dont la couverture télévisuelle est réellement mondiale. Aux États-Unis, la finale retient devant leurs écrans entre dix et treize millions de personnes, ce qui constituait une audience très honorable, la plus élevée en ce qui concerne le basket-ball, qui arrivait toutefois loin derrière le football américain.

Les images du match peuvent donc être visionnées assez facilement sur Internet, notamment la dernière minute restée controversée. Avant celle-ci, l'URSS menait confortablement au score. Henry Iba avait adopté une tactique défensive, consistant à jouer à un rythme très lent et à museler les offensives soviétiques. C'était sans compter le talent exceptionnel de Sergueï Belov, qui finit meilleur marqueur de la finale avec vingt points. À la fin de la seconde mi-temps, les États-Unis tentent d'accélérer le jeu, réduisant l'avance de leurs adversaires à un point (49-48) à 38 secondes de la fin de la rencontre. Ces derniers conservent la balle aussi longtemps qu'ils le peuvent et au bout des trente secondes autorisées, Alexander Belov tente un tir, bloqué, qu'il récupère au rebond avec huit secondes à jouer. Alors qu'il commence à perdre l'équilibre le long de la ligne de fond et ne voyant pas son partenaire Sergueï Belov démarqué à quatre mètres, il expédie une passe hasardeuse en direction du centre du terrain et de Zurab Sakandelidze, qu'intercepte Douglas Collins, le meneur américain. Ce dernier filant vers le panier soviétique, Sakandelidze commet une faute grossière pour couper son élan. Il reste trois secondes à jouer.

Tandis que Collins s'apprête à tirer deux lancers francs susceptibles de donner l'avantage aux États-Unis en réparation de la faute qu'il avait subie, intervient le premier tournant de cette fin de match, qui a trait aux modalités de l'obtention d'un temps mort par l'entraîneur soviétique, Vladimir Kondrashin. Il était logique que ce dernier sollicitât un temps mort, qui entraînait la suspension du jeu pendant une minute, ce qui laissait le temps d'ajuster le dispositif tactique de son équipe et offrait la possibilité d'effectuer un ou plusieurs changements de joueurs à cette fin. Ce temps mort pouvait être réclamé avant le premier lancer franc ou bien – et sur ce point, les règles de la FIBA alors en vigueur divergeaient de celles en usage en Amérique du Nord – entre le premier et le second lancer franc. Pour l'obtenir, les entraîneurs devaient presser un bouton qui allumait une lumière rouge sur la table de marque, procédé technologique qui venait d'être introduit à l'occasion du tournoi olympique.

Les incidents commencent à ce moment-là, avec comme protagonistes l'encadrement technique soviétique et le corps arbitral. Lorsqu'on visionne les images de la finale, en se concentrant sur la bande-son, on peut entendre, au moment où Douglas Collins enclenche son second tir et que la balle n'a pas encore quitté ses mains, la sonnerie caractéristique annonçant un temps mort. Celle-ci intervient donc trop tard pour que le temps mort soit accordé, le second lancer franc étant considéré comme commencé à partir de l'instant où le joueur qui le tente reçoit la balle des mains de l'arbitre. Une fois ce tir lui aussi réussi par Collins, les États-Unis prenant l'avantage au score pour la première fois de la rencontre (50-49), l'arbitre principal, le Brésilien Renato Righetto, interroge du regard la table de marque pour comprendre ce que signifiait cette sonnerie tardive. Aucune consigne n'étant donnée par les juges, le second arbitre, le Bulgare Artenik Arabadjian, ordonne aux joueurs soviétiques de reprendre le jeu, ce qu'ils font, Alzhan Zharmukhamedov passant la balle à Sergueï Belov. Vladimir Kondrashin quitte alors son banc et se dirige vers la table de marque où il rejoint son adjoint Sergueï Bashkin, qui s'y trouvait depuis que le premier lancer franc états-unien avait été réussi. Avec force gestes, les deux exigent un temps mort et contraignent Renato Righetto à interrompre le match. Il reste une seconde à jouer.

Vladimir Kondrashin avait-il sollicité la suspension du jeu à temps ? Les versions continuent de diverger. Selon le responsable du score à la table de marque, l'Allemand de l'Ouest Hans Tenschert, les Soviétiques étaient fautifs : ayant égaré le boîtier sous leur banc, ils avaient tardé à presser le bouton entre les deux lancers francs. Kondrashin, décédé en 1999, affirmait pour sa part que le temps mort avait été demandé juste après que la faute sur Collins avait été sifflée. Les règles internationales prévoyaient qu'il avait alors le choix entre prendre le temps mort avant le premier lancer franc ou entre le premier et le second. Aux officiels de la table de marque qui voulaient qu'ils le prennent immédiatement, il aurait répondu préférer attendre l'intervalle entre les deux lancers francs.

Plusieurs arguments plaident en faveur de la version soviétique. Le premier concerne le choix de Kondrashin de ne placer le temps mort qu'après le premier lancer franc. De son issue dépendait la tactique à mettre en place pour les trois dernières secondes de la rencontre : soit Collins ratait son premier tir et le score ne pouvait qu'être au mieux de parité – Kondrashin opterait alors pour une tactique défensive visant à préserver le résultat dans l'attente de la victoire ou des prolongations ; soit ce tir était réussi et les États-Unis pouvaient prendre l'avantage – il fallait en ce cas se préparer à être offensif et à jouer le tout pour le tout dans ce qui serait la dernière action du match.

D'une manière inexplicable pour les Soviétiques, la sonnerie du temps mort ne retentit pas après le premier lancer franc états-unien. Sur les images télévisées, on peut furtivement distinguer en bas de l'écran l'entraîneur adjoint, Sergueï Bashkin, bondir immédiatement de son banc et venir hurler devant la table de marque. Il réclamait son dû et un des officiels semble le lui avoir accordé, trop tard cependant. De fait, seule l'interprétation de Kondrashin permet de rendre compte du caractère étrange de la sonnerie annonçant le temps mort. En effet, si ce dernier avait effectivement été demandé trop tardivement, il n'y avait aucune raison pour que les officiels déclenchent la sonnerie ; ou bien le préposé au temps mort de la table de marque avait commis une erreur et chercha à y remédier dans l'urgence.

En réalité, comme le fait remarquer l'historien américain Robert Edelman, la barrière linguistique a sans aucun doute provoqué une série d'incompréhensions, qui elles-mêmes déclenchèrent les incidents. Kondrashin et ses adjoints s'exprimaient en russe, langue que ne comprenaient pas les officiels de la table de marque, tous allemands, qui à leur tour avaient des difficultés à communiquer avec Renato Righetto, qui ne parlait que portugais, et Artenik Arabadjian, qui ne pratiquait que le bulgare. Ainsi les juges ont-ils probablement cru à tort que Kondrashin, lorsqu'il leur indiqua vouloir prendre le temps mort après le premier lancer franc, renonçait en fait tout simplement à en bénéficier.

L'entrée en scène du secrétaire général de la FIBA, Renato W. Jones, est alors décisive. Assis au premier rang dans le public, à la droite du banc soviétique, il a pu suivre les échanges entre les différentes parties et s'est rendu compte, lui qui était polyglotte, de l'imbroglio en train de se nouer. Il se lève, s'approche de la table de marque et, tel Salomon, résout le conflit de manière à ne léser aucune des deux équipes. Le plus logique aurait été d'accorder le temps mort réclamé à temps par l'URSS, en le faisant débuter au moment où il aurait dû être accordé, c'est-à-dire entre les deux lancers francs. L'inconvénient de cette solution eût été de priver les États-Unis du second point marqué par Douglas Collins en donnant le dernier lancer franc à retirer, avec le risque que cette fois-ci il fût manqué. Coupant la poire en deux, Renato Jones impose que le jeu reprenne après le second lancer franc – le score en faveur des États-Unis (50-49) reste donc acquis – mais pour une durée de trois secondes et non une seule. En outre, les deux formations se voient accorder la possibilité de procéder à des changements de joueurs, ce qui eût été le cas lors du temps mort. De cette façon, le tort subi par l'URSS est en partie réparé, tandis que son adversaire conserve un avantage précieux à la marque.

Kondrashin fait sortir Alzhan Zharmukhamedov et entrer Ivan Edeshko avec en tête une idée bien précise : ce dernier doit effectuer une longue passe depuis la ligne de fond à destination de la raquette opposée où la réceptionnera le pivot Alexander Belov. Kondrashin avait appris à connaître une telle séquence de jeu, qui réclamait une qualité de passe exceptionnelle, à la fois puissante et précise, mais à ses dépens, deux ans plus tôt, en finale du championnat d'URSS. Dans les dernières secondes de la rencontre entre le CSKA de Moscou entraîné par Alexander Gromelski et le Spartak de Leningrad de Kondrashin, Edeshko avait déjà réalisé un geste similaire, contribuant à la victoire du club de la capitale soviétique.

Certains, dans le camp états-unien, ont conscience du danger. Par exemple, Franck Gifford, le commentateur d'ABC, remarque en direct qu'il reste assez de temps pour atteindre Belov (« *There is still time to go to their big man. They're going to try* »). Sur le banc, le grand Tom Burleson (2,21 mètres), qui n'avait pas joué de toute la finale, insiste auprès de Henry Iba pour rentrer au marquage de Belov. Iba lui intime de rester assis, la sanction qui le frappait pour avoir invité sa petite amie à admirer le coucher de soleil depuis le balcon de sa chambre n'ayant pas été levée.

Le match reprend donc avec la remise en jeu d'Edeshko, qui, gêné par Thomas McMillen, ne peut qu'adresser le ballon sur le côté à Modestas Paulauskas, ce dernier visant immédiatement la raquette. Toutefois, avant que sa passe n'atteigne Alexander Belov, la sirène indiquant que le temps est écoulé retentit : les Américains exultent et commencent à célébrer leur huitième titre olympique d'affilée tandis que le terrain est envahi par les journalistes et une partie du public.

Quelque chose cloche, cependant. Par trois fois, la sirène continue de résonner et, dans la confusion, Artenik Arabadjian montre bien haut et avec insistance trois doigts ; trois doigts pour trois secondes. Le chronomètre n'ayant pas encore été remonté lorsque l'arbitre bulgare s'était empressé de faire reprendre le jeu, les trois secondes n'avaient pas été jouées. Sur le film du match, quelques instants auparavant, on aperçoit en effet un des officiels de la table de marque, debout à la gauche de celle-ci, faire un signe de la main à Arabadjian pour lui demander de patienter avant de donner la balle à Edeshko. Sans doute également lui cria-t-il d'attendre, mais en allemand ou en anglais, langues que ne comprenaient ni Arabadjian ni Righetto, le tout dans un brouhaha assourdissant. L'unique moyen de retenir l'attention des arbitres fut finalement de faire retentir la sirène, qui n'annonçait donc pas, comme le croyait encore la majorité des commentateurs états-uniens, que la dernière seconde de jeu s'était écoulée. Aussi l'officiel de la table de marque l'actionne-t-il plusieurs fois, dans l'espoir vain de mettre un terme à toute cette agitation. Pendant ce temps, le chronométreur s'active sous la supervision de Renato Jones. Revenir à trois secondes nécessite dans un premier temps de remonter l'horloge à une minute, puis d'enlever les secondes par dizaines, puis à l'unité, comme le montrent là encore les images télévisées d'ABC. Sur le plan fixe du tableau de marque proposé par la chaîne nord-américaine, où la mention erronée « *Final Score* » est incrustée sur l'écran, le temps restant est ainsi arrêté à 50 secondes. L'intervention du chronométreur était en fait à peine amorcée lorsque le jeu avait repris et l'opération se poursuivait lentement. Il fallait, pour la troisième fois, procéder à l'engagement.

Malgré les protestations de l'équipe américaine, le terrain est évacué et la balle redonnée à Edeshko. Cette fois-ci, sa passe trouve Alexander Belov au-dessus de deux joueurs américains et le pivot ne manque pas le panier de la victoire (51-50), avant de se lancer dans une course effrénée vers le banc de touche soviétique et d'être enseveli sous ses partenaires.

Les États-Unis déposent immédiatement un recours devant le CIO et fondent leurs réserves techniques sur le fait que Renato Jones aurait dû rester assis en tribune au lieu de se manifester. Ses interventions répétées sont assimilées à des pressions indues sur les juges et les arbitres qui auraient faussé le résultat. En résumé, les Soviétiques auraient triché et auraient été aidés en cela par Jones, accusé d'avoir été complaisant avec eux.

C'était faire un mauvais procès au secrétaire général de la FIBA, peu suspect de sympathies pour l'URSS et surtout soucieux d'assurer les prérogatives de son organisation face au puissant monde du basket-ball nord-américain. Depuis les années 1930 en effet, l'histoire de l'institutionnalisation des structures internationales du basket amateur, émanation de la YMCA, était marquée par une lutte permanente pour se dégager de l'emprise des ligues professionnelles des États-Unis. Il s'agissait à la fois de fonder la légitimité de la FIBA et d'assurer sa prééminence face à une NBA perçue comme hégémonique et tentant d'imposer son modèle de développement. L'intervention de Jones, destinée à faire respecter une règle internationale concernant les modalités de demande d'un temps mort qui n'était pas en vigueur outre-Atlantique, s'inscrivait dans cette perspective, de même que ses déclarations ultérieures lorsqu'il estima que « les Américains devaient apprendre à perdre, y compris quand ils pensaient avoir raison ».

Jones s'en explique devant le jury d'appel de la FIBA – pour tout ce qui relevait du domaine technique, le CIO déléguait ses prérogatives aux fédérations internationales –, qui se réunit la nuit même. Sans s'appesantir sur l'innovation réglementaire dont il avait été à l'origine dans le feu de l'action – l'augmentation du temps de jeu pour compenser un temps mort refusé à tort –, il se justifie en arguant de l'injustice subie par les Soviétiques à un moment décisif, qui, si elle n'avait été rectifiée, aurait débouché sur une plainte auprès de l'instance devant laquelle il s'exprimait, avec de bonnes chances d'avoir gain de cause. En somme, en tant que président du comité technique d'organisation, il n'était intervenu que pour faire respecter l'esprit du jeu. Il est entendu par trois voix – celles des délégués cubain, hongrois et polonais – contre deux – celles des représentants italien et portoricain. Pour les journalistes états-uniens qui se consacrèrent à l'exégèse de l'événement munichois, la répartition des votes en fonction de la nationalité des votants n'a jamais laissé aucun doute sur le caractère politique de la décision prise.

En réalité, l'explication était un peu courte. Le président du jury d'appel, le Hongrois Ferenc Hepp aurait ainsi eu de bonnes raisons de ne pas favoriser l'URSS, qu'il détestait, sa famille ayant été massacrée par l'armée soviétique en 1956. Il était avant tout un proche ami de Jones, dont il partageait les vues sur le futur souhaitable pour le basket-ball en particulier et pour le sport en général. En 1972, Renato Jones n'était officiellement plus membre de la YMCA, qu'il avait quittée en 1955 pour rejoindre l'Unesco, où il avait œuvré à la création, un an plus tard, du Conseil international de l'éducation physique et sportive (CIEPS), organe intergouvernemental qui entendait conjurer les « périls qui menaçaient le sport amateur » et dont il était secrétaire général. Jones poursuivait là le combat engagé par la YMCA contre le professionnalisme au début des années 1920. Il était resté fidèle aux modalités d'action de cette dernière, consistant à ne pas apparaître comme le représentant d'un mouvement religieux pour pouvoir continuer d'exercer sans relâche une influence au sein des institutions sportives, quelles qu'elles fussent. Il manifestait également les capacités d'adaptation de l'organisation qui l'avait formé en ne laissant pas passer l'occasion d'utiliser les nouveaux instruments rendus disponibles par le nouvel ordre international.

Par ailleurs, la défaite états-unienne pouvait aussi s'expliquer en partie par le climat de défiance permanent instauré par l'encadrement technique dès le début de la campagne olympique. Le soupçon ainsi instillé avait régi les relations de l'équipe avec tout ce qui lui était extérieur et finit par contaminer les joueurs à des moments clés du match, alors que l'enchaînement de cafouillages techniques nécessitait de garder son sang-froid. Par exemple, lors de la troisième remise en jeu, Thomas McMillen, chargé de perturber Ivan Pedeshko comme il l'avait fait à l'engagement précédent, abandonna sa position près de la ligne de fond pour marquer Modestas Paulauskas sur le côté et l'empêcher de recevoir la balle. Ce faisant, il libérait l'espace pour une passe longue vers Alexander Belov. Interrogé après coup sur les raisons de ce déplacement latéral, il en rejeta la faute sur l'un des deux arbitres, le Bulgare Artenik Arabadjian, qui lui aurait demandé de s'éloigner. Comme on peut le voir sur toutes les images télévisées, ce dernier lui rappela en fait d'un geste appuyé que s'il était licite de s'approcher de la ligne de fond, celle-ci ne pouvait en revanche être franchie. Sans doute ce dernier se sentait-il obligé de faire du zèle, responsable qu'il était du pataquès de la deuxième remise en jeu.

En définitive, l'issue de la finale fut déterminée par la qualité des basketteurs soviétiques, emmenés par deux joueurs exceptionnels, Alexander Belov et Sergeï Belov, et entraînés par un Vladimir Kondrashin qui réfléchissait aux moyens tactiques de battre les Américains depuis les années 1950. Dans un contexte difficile, alors que le corps arbitral perdait le contrôle du match, ils surent garder la tête froide, à la différence de la faible formation envoyée à Munich par les États-Unis.

Une défaite qui ne passe pas

Du côté soviétique, les basketteurs entrent dans le panthéon des héros sportifs du socialisme. Les médaillés d'or de 1972 deviennent de véritables vedettes, à l'égal de celles du football et du hockey sur glace, et leur exemple attire à la pratique du basket-ball un nombre important de jeunes gens. Nul écho en URSS, en revanche, des polémiques provoquées par le déroulement des dernières secondes de la finale. Une image en particulier s'imprime dans la mémoire collective, celle de l'ancienne joueuse internationale Nina Emerina, qui commenta la rencontre en direct pour une dizaine de millions de téléspectateurs, et qui, à la fin du match, alors que les caméras de la télévision soviétique étaient tournées vers elle pour recueillir sa conclusion, s'assit et pleura.

Du point de vue des dirigeants sportifs et politiques américains, la finale de 1972 constitue l'un des éléments déclencheurs dans l'élaboration d'une politique plus agressive en matière de diplomatie sportive. Abandonnant toute façade de fair-play, les représentants du Comité olympique américain ordonnent tout d'abord aux joueurs de ne pas participer à la cérémonie de remise des médailles. Sans doute sous le coup de l'émotion, son président, Clifford Buck, déclare à des journalistes que les États-Unis ne participeraient désormais plus au tournoi olympique de basket-ball. Les mêmes sentiments de colère semblent avoir agité Richard Nixon. L'après-midi du lundi 11 septembre, au cours d'une réunion dans le Bureau ovale, il se serait emporté devant ses conseillers : « On a été baisés », aurait-il affirmé à plusieurs reprises, alors que son directeur de cabinet, Harry Hadelman, lui recommandait de ne pas donner l'image d'un mauvais perdant. Pour sa part, le secrétaire d'État, Henry Kissinger, arrivé le même jour à Moscou après s'être entretenu avec Willy Brandt la veille à Munich, avertit Leonid Brejnev que c'était la dernière fois que les Soviétiques battaient les Américains « dans les trois dernières secondes ».

Dans la semaine et les mois suivants, Kissinger met le personnel diplomatique états-unien au service de l'USOC afin d'aider ce dernier à constituer un second dossier de recours, cette fois-ci auprès de la commission exécutive du CIO, dans le but d'invalider la décision du jury d'appel de la FIBA. Sur le fond, il s'agit toujours de prouver que Renato Jones était intervenu alors qu'il n'avait aucune autorité pour le faire, ce que mettaient en avant, de manière plus ou moins explicite, tous les témoignages recueillis – notamment ceux des responsables allemands de la table de marque et de l'arbitre brésilien.

Le Comité olympique américain sait pouvoir compter sur l'appui d'un concitoyen, Avery Brundage, qui, à Munich, a passé la main à la tête du CIO et en est devenu le président d'honneur. S'il n'avait tenu qu'à lui, la cérémonie de remise des médailles aurait été repoussée *sine die*, en attendant que le résultat du match soit validé, ou non, par la commission exécutive du CIO. Néanmoins, son successeur, l'Irlandais Michael Morris, baron de Killanin, troisième du nom, en avait alors décidé autrement et semblait depuis réticent à examiner la requête états-unienne. Il ne fait pas mystère de sa position et avertit à mots couverts

Brundage que les États-Unis pourraient encourir la même peine que le Pakistan, à savoir l'exclusion des Jeux prévus à Montréal en 1976.

Une autre finale connut une issue extrêmement controversée aux Jeux de Munich, celle de hockey sur gazon. Opposant la RFA au Pakistan, elle vit la victoire de l'Allemagne de l'Ouest grâce à un but que l'équipe du sous-continent indien estima non valable. Au coup de sifflet final, des spectateurs pakistanais envahirent le terrain et aspergèrent d'eau le président belge de la Fédération internationale de hockey sur gazon, jugé responsable d'un complot visant à déposséder le Pakistan du titre olympique obtenu à Mexico. Plus tard, sur le podium, plusieurs joueurs pakistanais avaient tourné le dos aux drapeaux au moment où l'hymne ouest-allemand était entonné, avant de cracher sur leurs médailles d'argent et de les jeter à terre.

Selon Lord Killanin, le refus américain de venir chercher les médailles d'argent de l'épreuve de basket-ball est aussi grave que l'attitude des Pakistanais et mérite sans aucun doute d'être sanctionné d'une façon équivalente. La commission exécutive du CIO, réunie en février 1973, juge finalement que les États-Unis doivent s'estimer heureux de ne pas être disqualifiés et doivent accepter la victoire de l'URSS, qui se trouve donc définitivement homologuée.

Pas plus que Renato Jones, Lord Killanin n'était mû par un quelconque philosoviétisme. Pour cet ancien élève d'Eton, le plus important résidait dans la préservation de l'amateurisme et de cloisons étanches avec le professionnalisme. En déplacement aux États-Unis à la fin du mois d'octobre 1972, il est effrayé par les propos entendus dans le cadre d'une commission d'enquête du Congrès. Après la défaite face à l'URSS, des parlementaires états-uniens s'étaient en effet intéressés à la gestion de l'USOC, accusé de faillite dans la conduite du sport américain. Alors que certains préconisaient la dissolution du Comité olympique national, d'autres réclamaient la possibilité de sélectionner des basketteurs professionnels puisque les amateurs n'étaient plus à la hauteur. Lord Killanin en vint à considérer le basket-ball comme le cheval de Troie du professionnalisme au sein de l'olympisme, ce qui explique l'intransigeance dont il fit preuve à l'égard des démarches engagées par Clifford Buck, soumis lui-même à de fortes pressions et cherchant à donner des gages de son investissement dans la défense du sport états-unien.

Quoi qu'il en soit, les efforts de Buck et les initiatives du Congrès sont ensuite relayés par le Département d'État, qui se lance dans une politique de prise de contrôle du CIO visant à y faire respecter les intérêts américains. Théorisée par les conservateurs, cette politique passe d'abord par l'étatisation de l'USOC, entérinée en 1978 avec le vote de l'*Amateur Sports Act*, puis aboutit, sur le plan international, à la mise sous dépendance financière du mouvement olympique vis-à-vis des principaux médias états-uniens. Elle se traduit également par l'organisation du boycottage des Jeux de Moscou en 1980 (alors qu'une partie de la direction de l'USOC y était hostile) et l'attribution des Jeux de 1984 à Los Angeles. En d'autres termes, on passait du *containment* au *roll back*.

Les États-Unis trouvent un allié en la personne de Juan Antonio Samaranch – qui succède à Lord Killanin en 1980 –, inquiet des projets qu'il prête à l'URSS et à la Yougoslavie de confier l'organisation des Jeux olympiques à l'Unesco, en s'appuyant pour cela sur les compétences du CIEPS. En échange de la pérennisation de l'institution qu'il dirige, Samaranch accepte d'aller plus loin dans la commercialisation des Jeux, prélude à l'abandon total de l'amateurisme. Cet abandon est mis à l'ordre du jour dès 1981, inauguré à Los Angeles en 1984 avec les footballeurs et poursuivi en 1988 avec les joueurs de tennis. La victoire de l'URSS sur les États-Unis en demi-finale à Séoul cette année-là, chant du cygne du basket soviétique, détermine les autorités américaines à passer à la vitesse supérieure. En 1989, une commission du Congrès dirigée par Thomas McMillen, le pivot américain de la finale de 1972 devenu entretemps représentant démocrate du Maryland, incite l'USOC à faire officiellement la demande d'ouverture au professionnalisme en ce qui concerne le basket-ball. Effective à Barcelone en 1992, celle-ci est médiatiquement marquée par la constitution d'une *Dream Team* composée des meilleurs joueurs de la NBA. Il s'agissait ainsi de laver l'affront symbolique subi à Munich vingt ans auparavant et de restaurer la suprématie états-unienne dans son domaine sportif le plus intime.

Après la victoire brillante de Michael Jordan et consorts, le CIO juge que le temps est venu de régler la question des médailles d'argent qui n'avaient pu être remises en 1972. Juan Antonio Samaranch ne formule qu'une seule exigence – que l'équipe états-unienne au complet consente à les retirer – et il contacte à cet effet l'ancien capitaine de la formation américaine, Kenny Davis. Le président du CIO ne pouvait pas plus mal tomber : l'année précédente, Davis avait dressé son testament dont un article interdisait à ses descendants de jamais accepter une médaille d'argent à titre posthume.

Ce codicille testamentaire plaît beaucoup aux médias états-uniens, qui s'emparent de ce qu'ils estimaient être un bon sujet. Rares sont les chaînes de télévision, les quotidiens ou les magazines, qu'ils soient nationaux ou locaux, qui n'aient pas consacré au moins un reportage ou un article à la finale de Munich, à l'occasion notamment du 30e et du 40e anniversaire du match, en 2002 et en 2012. En général, la narration adoptée respecte un canevas invariable, en passe de devenir un *topos* de la culture de masse d'outre-Atlantique, mettant en avant douze hommes en colère qui, sur un ton martial, réaffirment leur refus résolu de passer les médailles de l'infamie autour de leur cou. Confrontés depuis 1972 à un CIO toujours suspect d'antiaméricanisme, même larvé, ils puisent la force de résister dans la vigueur de lcur patriotisme. Déjà vainqueurs sur le parquet, quoi qu'en disent les palmarès, ils remportent ainsi une seconde victoire, celle de la morale sportive.

Leurs revendications se sont néanmoins adoucies au fil du temps. Dans les années 1990, il était hors de question que les joueurs soviétiques conservent leurs médailles d'or, qui devaient être restituées au CIO puis remises à leurs légitimes récipiendaires. Cette position maximaliste a été largement relayée dans les médias états-uniens et on en trouve l'écho dans des courriers adressés au CIO en 1996 par un responsable du championnat universitaire de la NCAA. Tenant pour acquis que l'affaire allait être bientôt résolue, celui-ci voulait attirer l'attention des dirigeants olympiques sur une difficulté à laquelle ils allaient être confrontés : Alexander Belov, décédé prématurément en 1978 à l'âge de 26 ans des suites d'une maladie cardiaque, avait été enterré avec sa médaille. Deux solutions étaient proposées : exhumer le cercueil, le faire ouvrir et récupérer cette dernière, ou bien, si les autorités russes ne coopéraient pas, fabriquer une copie de la pièce manquante.

Face au silence du CIO, Thomas McMillen prend l'initiative d'explorer une voie différente à l'issue des Jeux d'hiver de Salt Lake City en 2002. En patinage artistique, le couple canadien Jamie Salé-David Pelletier, classé deuxième, s'était en effet vu remettre deux duplicatas de médailles d'or après qu'une des juges avait reconnu avoir subi des pressions pour voter contre eux, le couple russe initialement couronné champion olympique conservant son titre. Estimant que le jury d'appel de 1972 n'avait pu délibérer en toute indépendance, McMillen dépose par conséquent un recours afin que douze nouvelles médailles d'or soient confectionnées. Dans un premier temps, les onze autres soutiennent sa démarche, avant que Kenny Davis fasse bande à part, refusant d'admettre que deux équipes puissent être déclarées victorieuses d'un même match.

Quoi qu'il en soit, le CIO et la FIBA refusant de rouvrir le dossier, les choses en sont demeurées là et n'ont pas évolué depuis. Il resterait à analyser les raisons d'un tel comportement : pourquoi les douze finalistes de 1972 se sont-ils transformés en autant de défenseurs irréductibles d'une cause de toute évidence perdue ? Sans doute ont-ils compris tous les bénéfices symboliques qu'ils pouvaient retirer de l'exposition médiatique exceptionnelle qui leur était accordée, à la condition de bien jouer le rôle que leur assignait la société états-unienne. Une société qui, selon les mots de l'historien Robert Edelman, bien qu'ayant gagné la guerre froide, refuse obstinément de « reconnaître cette victoire soviétique-là ».

Déchiffrer la finale de basket-ball des Jeux de Munich nous a conduits à explorer, de part et d'autre de l'Atlantique, les mécanismes ayant contribué à la construire comme un événement. Dans cette optique, l'URSS fut à l'attaque, dès 1945, en se donnant patiemment et méthodiquement les moyens de rendre possible la victoire de 1972. Il en résulta une immense fierté, à la fois sportive et politique, les deux sphères étant difficilement séparables quand il s'agissait d'olympisme dans le camp soviétique. Du côté américain, la défaite fut accueillie avec une stupeur si forte qu'elle donne l'impression, quarante ans après, de ne pas avoir encore été digérée. Alors que l'Union soviétique a disparu, la plaie brûle toujours et le souvenir de la rencontre est entretenu et transmis, sur les registres conjoints de la colère et de l'amertume. En amont et en aval de Munich, les deux pays ont donc tour à tour travaillé pour inscrire un match de basket-ball peu spectaculaire, mal arbitré et à l'issue confuse, dans les dynamiques plus larges de la guerre froide culturelle.

Le mois de septembre 1972 vit ainsi les victoires respectives des deux Grands dans les domaines perçus comme les chasses gardées de l'adversaire. Le 1er septembre, à Reykjavik, Bobby Fischer détrôna Boris Spassky à l'issue d'un championnat du monde d'échecs interminable. Tout au long des sept semaines précédentes, plus d'un million d'États-uniens avaient suivi à la télévision la lente évolution de l'affrontement. Vers la mi-août, au moment précis où, en Bavière, Henry Iba craignait l'intrusion d'espions soviétiques, en Islande, l'entourage de Spassky demandait le report de la 17e partie en dénonçant l'utilisation par les Américains d'instruments électroniques et d'une substance chimique destinés à déstabiliser le champion du monde en titre. Si la victoire de l'URSS aux Jeux olympiques mit fin à trente-six années de domination absolue des Américains en basket-ball, celle de Fischer interrompit trente-cinq années de mainmise soviétique sans partage sur le monde des échecs. Munich 1972 ou, comme l'écrivit le *New York Times* dès le lendemain de la finale, « la revanche de Spassky ».

Chapitre 9

Pour tout l'or du monde (Montréal, 1976)

Ce n'était pas la première fois que des journalistes de *Sports Illustrated* tentaient le coup. En 1956 déjà, durant les Jeux de Melbourne, son vice-directeur, Charles Douglas Jackson, avait utilisé ses contacts au sein du Département d'État et de la CIA pour mettre au point l'« opération Griffin ». Théoricien de la guerre froide et, entre 1953 et 1954, conseiller du président Dwight Eisenhower pour tout ce qui concernait la propagande culturelle américaine et les actions de « déstabilisation psychologique » dans les pays de l'Est, Jackson avait vu là l'occasion de mettre en pratique son expertise dans le domaine. Exploitant le ressentiment d'une partie des athlètes hongrois contre l'URSS après les événements de Budapest, il avait organisé la défection à l'Ouest de trente-huit d'entre eux (et de quatre Roumains), accueillis en exil et en héros de la liberté aux États-Unis. Toute l'affaire avait bien entendu été abondamment relayée par le magazine sportif à la tête duquel Jackson avait été nommé deux ans auparavant par le très anticommuniste patron de presse Henry Luce, le fondateur de *Time* et de *Life*.

Pendant plus de vingt ans, l'expérimenté reporter Tex Maule avait donc été à bonne école. Rien d'étonnant par conséquent qu'il s'essaie lui aussi, l'après-midi du 12 mars 1974, à sonder discrètement son interlocuteur, le boxeur noir cubain Teófilo Stevenson, pour découvrir les véritables intentions de ce dernier. Maule est en effet intrigué. Envoyé spécial de *Sports Illustrated* à Saint-Domingue pour couvrir les Jeux d'Amérique centrale et des Caraïbes, il a, comme tous ses confrères, assisté la veille à la conférence de presse du vainqueur dans la catégorie poids lourds. Au cours de celle-ci, Stevenson confirme ce qu'il a déjà affirmé haut et fort à Munich deux ans plus tôt après l'obtention de son premier titre olympique : il ne passerait pas professionnel et continuerait de refuser les contrats mirobolants que lui font miroiter les imprésarios états-uniens. Il l'a redit clairement : « Qu'est-ce qu'un million de dollars contre l'amour de huit millions de Cubains ? » Au grand étonnement de Tex Maule, Stevenson a l'air sincère : « Plutôt rouge que riche » (« *He'd rather be red than rich* »), titrera d'ailleurs le journaliste la semaine suivante.

Aux États-Unis, l'effarement de la presse spécialisée et des promoteurs de boxe tient en premier lieu à la rupture brutale avec l'usage établi depuis les années 1950, qui voulait que les champions olympiques les plus prometteurs devinssent immédiatement des professionnels. Après sa médaille d'or en poids moyens à Helsinki en 1952, Floyd Patterson combat ensuite dans la catégorie des poids lourds et en remporte le titre de champion du monde quatre ans plus tard. Le même laps de temps sépare les victoires de Cassius Clay en mi-lourds à Rome en 1960 et en lourds à Miami en 1964, les champions olympiques Joe Frazier (1964) et George Foreman (1968) suivant une trajectoire identique. Dans une industrie du spectacle où les matchs étaient souvent truqués, le titre olympique était devenu une garantie pour tous les acteurs en présence : à la fois pour les organisateurs des combats, qui s'assuraient ainsi de la qualité pugilistique des novices, et pour les jeunes, souvent états-uniens et noirs, qui pouvaient ainsi négocier leur entrée dans le monde professionnel dans une relative position de force. En 1972 et 1976, il est par conséquent logique que les promoteurs se tournent naturellement vers le nouveau champion olympique des lourds, Teófilo Stevenson, qui a impressionné par son aisance, tant à Munich qu'à Montréal – trois victoires par K-O en Allemagne, dont une en quart de finale contre l'Américain Duane Bobick, et trois autres du même acabit au Canada, le K-O contre le représentant états-unien, John Tate, en demi-finale, intervenant dès la première reprise.

Qu'un Cubain quitte son île pour faire carrière ailleurs ne semblait pas constituer non plus un obstacle insurmontable : Stevenson ne ferait là que suivre l'exemple de ses illustres devanciers lorsque était entré en vigueur, le 19 mars 1962, le décret 83-A interdisant la pratique professionnelle du sport à Cuba. Quelques semaines auparavant, le gouvernement révolutionnaire avait proposé aux acteurs insulaires du monde de la boxe (pugilistes, mais aussi entraîneurs et promoteurs) de partir à l'étranger ou de rester, et dans ce cas de devenir amateurs, l'État leur garantissant alors un emploi. La quasi-totalité des boxeurs préféra l'exil, notamment les vedettes, qui gagnèrent leurs plus grands titres en Espagne – José Legra, champion du monde poids plume en 1968 et 1972 – ou au Mexique – Ultimiño « Sugar » Ramos, titré lui aussi en poids plume en 1963, et José « Mantequilla » Napoles, qui s'imposa en welter en 1969 et 1971.

Malheureusement pour les imprésarios états-uniens, Teófilo Stevenson adhère sans réserve à l'idéologie sportive telle qu'elle a été définie par le nouveau régime castriste. Selon lui, « les athlètes de l'Ouest ne sont que des marchandises », en particulier dans la boxe où les promoteurs sont décrits comme « des trafiquants de corps et d'âmes ». Pour ces derniers, la tâche de le convertir aux principes du marché s'annonce d'autant plus ardue que le boxeur est érigé dès son premier titre olympique comme le fleuron du système cubain d'éducation physique. À la fin du mois de septembre 1972, lorsque la délégation de retour de Munich est reçue triomphalement Plaza de la Revolución à La Havane, Fidel Castro lui rend ainsi un hommage appuyé dans le discours fleuve qu'il prononce alors : ce « fils d'une humble famille » mérite amplement « la reconnaissance de notre peuple pour les succès qu'il doit à sa discipline, à son amour du sport, à ses valeurs et à sa morale ».

En outre, comme le rappelle l'historien Sylvain Dufraisse, la fuite des muscles socialistes vers le camp occidental s'est, tout compte fait, révélée très limitée. Une des principales raisons tient au statut privilégié qui était réservé aux champions dans leur pays. Ils bénéficiaient notamment d'avantages matériels : Stevenson se voit par exemple offrir deux grandes maisons, l'une dans la capitale et l'autre dans son village de Delicias, ainsi qu'une paire de voitures de marque Lada – une pour chaque résidence. Ces récompenses perçues pour « services rendus à la patrie » ne le mettent pas pour autant en porte-à-faux vis-à-vis des règles olympiques de l'amateurisme, étant donné le caractère souple de celles-ci en boxe. Dans l'Angleterre du XIXe siècle, la lente structuration des formes de combat à mains nues en pratique sportive à part entière s'était en effet inscrite dans des logiques commerciales liées aux formes de patronage aristocratique et au système des paris contrôlé par la noblesse. Dans ce cadre où les mécanismes financiers étaient constitutifs du sport lui-même, il n'était pas rare, encore au XXe siècle, que les meilleurs jeunes, officiellement amateur, soient en réalité subventionnés par des promoteurs jusqu'à ce qu'ils arrivent à maturité et puissent intégrer le circuit dit professionnel. À plusieurs reprises dans l'après-guerre, le CIO demande d'ailleurs aux différentes fédérations de boxe de faire le ménage dans leur fonctionnement, ces injonctions restant largement lettre morte.

En plus de tirer des dividendes économiques de leurs performances, les sportifs des pays socialistes jouissent aussi de rétributions symboliques. Considérés comme des personnalités publiques, ils sont donnés à tous en modèles à imiter. Cette forte valorisation dans la hiérarchie sociale se traduit parfois par l'accès à des responsabilités politiques : devenu l'un des dirigeants des Jeunesses communistes havanaises après sa victoire à Munich, Teófilo Stevenson est ensuite élu, à son retour de Montréal, député à l'Assemblée nationale où il siège pendant dix ans. Il est loin d'être le seul dans ce cas, bien des athlètes de sa génération associant de manière intime activité sportive et militantisme politique. Le premier exemple fameux de ce double engagement avait été fourni par le joueur de baseball Manuel Alarcón, héros de l'équipe cubaine aux Jeux panaméricains de l'été 1967 à Winnipeg, au Canada, que les Ligues nord-américaines avaient alors tenté de recruter. Au cours d'une conférence de presse tonitruante, Alarcón avait indiqué que si un jour il quittait Cuba, ce serait pour rejoindre une guérilla en Amérique latine, par exemple celle conduite cette année-là par Ernesto « Che » Guevara en Bolivie. Il faut faire crédit à tous ces sportifs de la sincérité de leurs convictions, tant la capacité qu'ils avaient d'exercer leurs talents au plus haut niveau était le produit d'un système de formation auquel ils devaient leur ascension dans la société cubaine. En quoi consistait ce système ?

À Cuba, la fondation de l'institution de tutelle sur le sport est contemporaine de l'affirmation du caractère socialiste de la révolution au premier semestre 1961 : la naissance de l'Instituto Nacional de Deportes, Educación Física y Recreación (INDER), le 23 février, précède ainsi de deux mois le débarquement de troupes hostiles au régime dans la baie des Cochons. Dans ce contexte agité, la massification de la pratique sportive vise d'abord, pour les autorités cubaines, à préparer la population à se battre contre une possible invasion américaine. La seconde priorité concerne l'état de santé général de la main-d'œuvre alors qu'est lancée la bataille de la production destinée à lutter contre les effets dévastateurs de l'embargo états-unien sur l'économie de l'île. Pour ces deux raisons, l'éducation physique se voit accorder une place très importante dans le système éducatif mis en place dans ces années-là, quel que soit le niveau, de l'école primaire à l'université. Le passage d'une classe à l'autre n'est par exemple pas possible si un élève n'obtient pas la moyenne en sport. À partir de cette base d'un million de jeunes pratiquant une vaste gamme de disciplines sportives émerge une élite dont la formation est assurée dans un premier temps par une cinquantaine d'instructeurs venus des pays de l'Est, principalement d'URSS. À terme, prévient Fidel Castro en 1965, Cuba deviendra une puissance sportive et le fer de lance de l'Amérique latine aux Jeux olympiques face à l'hégémonie états-unienne : « Les fruits de cet immense effort commenceront à être visibles après un certain nombre d'années. Il ne fait aucun doute que notre rôle en 1968 sera bien meilleur qu'en 1964, mais en 1972, il faudra compter [sur nous]. » Les prévisions du Líder Máximo se révèlent diablement exactes : dix médailles d'argent à Mexico contre une de bronze à Tokyo, vingt-deux au total à Munich, dont trois d'or, chiffre multiplié par deux à Montréal. Ces excellents résultats d'un petit pays du Tiers-Monde revêtent une importance symbolique capitale pour le régime cubain, le sport devenant l'étalon de ses progrès sanitaires et éducatifs : les performances de ses athlètes aux Jeux viennent démontrer aux puissances occidentales et au reste du monde que la voie socialiste du développement permet à Cuba de rivaliser dans les domaines de la santé et de l'éducation. En 1974, après les Jeux d'Amérique centrale et des Caraïbes, c'est sur cet aspect que Castro choisit d'insister : « Il est plus facile de mesurer notre progression sportive que de voir ce que représente la disparition de l'analphabétisme. » Dans cette perspective, Teófilo Stevenson constitue le porte-étendard idéal de la première génération dorée du sport cubain, en raison de la trajectoire qui est la sienne.

Stevenson n'est pas issu des filières traditionnelles de la boxe cubaine, implantées principalement dans les villes où étaient recrutés les jeunes adolescents du prolétariat jusqu'en 1962. Cette économie-là a été balayée par l'interdiction du professionnalisme qui a entraîné la fermeture des salles les plus courues, comme celle de Kid Chocolate – elle ne sera réouverte que trente ans plus tard. Né en 1952 à Delicias, un petit port de la province de Las Tunas sur la côte nord de Cuba, à environ 500 kilomètres à l'est de La Havane, le jeune Stevenson ne découvre le sport qu'entre la fin de sa scolarité à l'école primaire et son entrée au collège, au moment où est refondé le système éducatif. Sa famille était jusque-là trop pauvre pour lui permettre de pratiquer quelque discipline que ce fût. Les cinq enfants de la fratrie Stevenson et leurs deux parents vivent dans une petite maison appartenant à l'usine sucrière qui emploie la majorité des habitants de Delicias (dénommée ainsi en raison du goût du sucre). Le père, originaire de Saint-Vincent, y travaille comme débardeur après avoir été charpentier sur la base navale américaine de Guantánamo dans l'entre-deux-guerres. L'initiation de Stevenson à la boxe intervient alors qu'il vient d'avoir 12 ans, sous la direction des formateurs de l'INDER envoyés dans tous les établissements scolaires de l'île, y compris ceux des zones rurales. Dans les premières années de l'introduction d'un cursus sportif dans le parcours éducatif, la boxe est la principale activité sportive enseignée, étant donné que l'INDER n'a pas encore eu le temps de former des instructeurs dans d'autres sports et s'appuie majoritairement sur les nombreux techniciens spécialisés dans le pugilat mis au chômage par le tournant forcé vers l'amateurisme. Stevenson débute précisément son parcours dans le monde de la boxe en 1964, quand le nombre d'enfants et d'adolescents mis au sport passe de

40 000 à 90 000 avant de connaître une croissance exponentielle les années suivantes.

Rapidement repéré pour ses qualités, Stevenson intègre à 13 ans le centre de formation Orbein Quesada, du nom d'un martyr de la révolution, créé l'année précédente dans la banlieue de La Havane. Cet institut, destiné à l'entraînement de l'élite, est le pendant pour la boxe de celui de Cerro Pelado, dédié à l'athlétisme – qu'intègre la même année un jeune de Santiago, Alberto Juantorena, qui gagnera le 400 mètres et le 800 mètres aux Jeux de Montréal. Sous la direction d'Alcides Sagarra et de dix autres entraîneurs – dont deux viennent d'Union soviétique –, Teófilo Stevenson s'impose comme le meilleur des cinquante-deux pensionnaires et remporte le titre national des poids lourds à 17 ans, en 1969. Il devient le symbole de l'excellence de l'école cubaine, qui, lors des deux olympiades suivantes, voit quatre de ses représentants battre des Américains.

Si les promoteurs états-uniens reviennent sans cesse à la charge pour recruter Stevenson, c'est parce que le niveau de ce dernier est, de l'avis général, exceptionnel. Le chef du corps arbitral à Munich, l'Américain Robert Surkein, qui officie depuis les Jeux de Londres en 1948, est catégorique : « Il est meilleur que Foreman ou Frazier et aussi bon qu'Ali », parce qu'il bouge aussi bien que ce dernier alors qu'il est plus grand (1,92 mètre contre 1,91 mètre). Surkein apprécie particulièrement son direct du droit et ses crochets, jugés « formidables », et son *jab* – une technique consistant à titiller l'adversaire le bras tendu, à le maintenir ainsi à distance tout en lui donnant des séries de coups – « puissants et dévastateurs » : « Il tourne la main en lançant son coup pour frapper avec la paume vers le bas, avec les quatre phalanges en même temps. » Entre ses deux premiers titres olympiques, Stevenson effectue des progrès en termes de vivacité et de souplesse bien qu'il passe entre-temps de 97 à 108 kilos. George Foreman, qui commente son match contre John Tate à Montréal sur ABC, est formel : le Cubain pourrait gagner les championnats du monde WBA et WBC.

Après les Jeux de 1976, les imprésarios américains tentent de nouveau leur chance en passant cette fois par des intermédiaires résidant dans des pays qui entretiennent de bonnes relations avec Cuba. Don King entre ainsi en contact avec le général panaméen Omar Torrijos, devenu chef suprême de la révolution après un coup d'État en 1968 et qui ferraille depuis contre les multinationales états-uniennes actives sur son territoire. L'idée est d'organiser un combat à l'occasion de la signature en 1977, entre Torrijos et le président démocrate des États-Unis Jimmy Carter, du traité reconnaissant la souveraineté de Panamá sur son canal. Le projet est abandonné car Stevenson ne souhaite pas que l'événement soit l'occasion pour King de gagner de l'argent.

Le rival de ce dernier, Robert Arum, joue pour sa part la carte de la Jamaïque et de son Premier ministre progressiste, Michael Manley, au pouvoir depuis 1972 avec le People's National Party. Le gouvernement cubain accepte le principe d'une série de cinq combats entre Mohamed Ali et Stevenson, disputés selon les règles amateur en trois reprises chacun. Les rencontres auraient probablement dû avoir lieu à Kingston au printemps 1980, en présence de Jimmy Carter et de Fidel Castro. Pour les deux chefs d'État, assister côte à côte à ce sommet tant attendu de la boxe mondiale aurait constitué une étape symbolique importante dans le processus compliqué de normalisation entre les deux pays que le président états-unien semblait vouloir poursuivre. Dans l'esprit de Carter, il s'agissait également d'organiser un événement sportif de prestige à l'approche des Jeux olympiques de Moscou, que les États-Unis avaient l'intention de boycotter, pour démontrer que tout ne tournait pas autour de l'URSS dans le domaine sportif. Enfin, la somme d'un million de dollars qui devait être versée à l'INDER aurait permis à l'Institut des sports cubains de disposer d'une réserve financière destinée à subventionner ses activités – le fait d'envoyer ponctuellement ses meilleurs athlètes à l'Ouest pour récupérer des devises étrangères commençait à devenir une habitude pour les pays socialistes dans les années 1970. L'arrangement semble tomber à l'eau à la fin de l'hiver 1980, probablement à cause de l'attitude de Mohamed Ali lors de la tournée que ce dernier effectue en Afrique pour le compte du Département d'État. Le boxeur, qui soutenait Carter pour sa réélection, avait en effet été envoyé faire la promotion du boycottage des Jeux de Moscou dans diverses capitales africaines. Le résultat est déroutant pour le gouvernement états-unien : début février, lors d'une conférence de presse en Tanzanie, Ali se laisse convaincre par les journalistes locaux du bien-fondé de la position contraire à celle qu'il était venu défendre. Il faut aller à Moscou, conclut-il, le plus important restant la lutte contre l'Afrique du Sud. Un mois plus tard, le Trésor américain interdit la série contre Stevenson, estimant qu'elle viole les termes de l'embargo commercial contre Cuba.

On ne saura donc jamais qui de Mohamed Ali ou de Teófilo Stevenson était le meilleur. À la fin des années 1980, ce dernier pensait qu'il lui aurait fallu du temps et beaucoup de travail pour parvenir à battre le boxeur américain. Mais à ce moment-là, il avait déjà mis un terme à sa carrière, le boycottage par Cuba des Jeux de Los Angeles en 1984 et de ceux de Séoul en 1988 – en signe de solidarité avec la Corée du Nord – l'ayant empêché de remporter d'autres titres olympiques. Dans les années 1990, devenu vice-président de la Fédération cubaine de boxe, il a le plaisir de voir s'épanouir une deuxième génération olympique, composée, entre autres, du sauteur en hauteur Javier Sotomayor, de la coureuse de 800 mètres Ana Fidelia Quirot, et surtout du poids lourd Félix Savón qui, comme lui, remporte trois tournois olympiques de suite, en 1992, 1996 et 2000. Ces succès l'aident à lutter contre le vague à l'âme qu'il ressent de plus en plus souvent depuis qu'il a raccroché ses gants de boxe et qu'il combat en buvant du rhum. Peu avant l'attaque cardiaque dont il est victime en 2012, à l'âge de 60 ans, il avait eu le temps de confier à des amis : « J'ai vécu dans la dignité. »

Chapitre 10

Tirer à tout prix
(Los Angeles, 1984)

En milieu de matinée, le samedi 2 août 1969, la Rolls-Royce royale pénètre dans la cour d'honneur de l'hôpital de Stoke Mandeville, un petit village situé au nord-ouest de Londres, à une heure et demie de route de la capitale britannique. En descend Élisabeth II, dans un ensemble jaune canari du meilleur goût, coiffée d'une toque à plumes assortie, sac à main et gants blancs. Les pensionnaires l'attendent patiemment en rang, tous assis dans leur fauteuil roulant. Après qu'elle les a salués un par un, la reine assiste à leurs démonstrations sportives : escrime, ping-pong, billard, tir à l'arc, javelot. Les jours précédents, des athlètes du monde entier, tous atteints de lésions à la moelle épinière, ont convergé dans la bourgade anglaise pour participer à l'édition annuelle des Jeux de Stoke. Il y a eu cette année plus de public que d'habitude, car beaucoup étaient curieux de voir et d'approcher le plus renommé des blessés médullaires de l'établissement, double médaillé d'or du marathon olympique : Abebe Bikila.

Celui-ci était arrivé en Angleterre quatre mois plus tôt, à bord de l'avion impérial éthiopien que Haïlé Sélassié avait mis à sa disposition. Il fallait alors faire vite : après l'accident dont Bikila avait été victime le 22 mars au volant de sa Coccinelle – celle qui lui avait été offerte en 1964 après son second titre à Tokyo –, les chirurgiens d'Addis-Abeba ne s'estimaient pas capables de le remettre sur pied. La décision avait été prise de l'envoyer dans le centre dirigé par le docteur Ludwig Guttmann, qui avait très bonne réputation. Au début de son séjour, Bikila espère pouvoir remarcher et, pourquoi pas, courir le marathon à Munich et prendre ainsi sa revanche sur Mexico, où, mal remis d'une fracture du péroné, il a abandonné son titre à son compatriote Mamo Wolde. Les médecins ne peuvent malheureusement rien faire pour soigner ses sixième et septième vertèbres, totalement brisées. Bikila restera paralysé des jambes, même s'il gagne quelques années de vie, avant de succomber, en 1973, d'une hémorragie cérébrale – 100 000 personnes, dont le négus, assistent à ses funérailles nationales.

Au sein du département consacré aux blessures de la colonne vertébrale de l'hôpital militaire de Stoke Mandeville, le chef de service, Ludwig Guttmann, a mis au point des techniques de rééducation motrice fondées sur la pratique de certains sports, dont le tir à l'arc. Bikila devient ainsi un spécialiste de cette discipline que le corps médical recommande fortement. Selon Guttmann, elle permet en effet « de muscler, de manière naturelle, les membres supérieurs, les épaules et le tronc dont dépend la position stable et verticale de la personne paraplégique ». Plus généralement, outre ces vertus thérapeutiques, le sport a le mérite de redonner aux individus cloués sur un fauteuil la confiance dans leurs capacités physiques et dans leur possibilité de mener une existence, différente certes, mais offrant néanmoins des satisfactions. Après l'épreuve de tir à l'arc des Jeux de Stoke à laquelle il participe le 30 juillet 1969, Bikila déclare à la presse qu'il sait désormais « ce que cela signifie d'être en vie ».

Pendant ses études de médecine en Allemagne, à Fribourg, au début des années 1920, Guttmann avait choisi de se spécialiser en neurochirurgie, après avoir été marqué par le sort réservé à un mineur blessé au dos que les médecins avaient laissé mourir, se fondant sur leur expérience de la Première Guerre mondiale où l'espérance de vie de ce type de patients ne dépassait pas quinze jours. Au début de sa carrière hospitalière, à Hambourg puis à Breslau, le jeune neurologue contribue à la mise au point en 1935 des premiers agents antimicrobiens de synthèse, les sulfamides, qui améliorent l'état de santé des malades ayant survécu aux premières semaines suivant leur accident. Il poursuit ses travaux à Oxford, où il préfère s'exiler avec sa famille en 1939 du fait des persécutions dont il est victime en tant que juif. C'est là qu'une étape décisive est franchie avec l'emploi de la pénicilline, découverte en 1928 par l'Écossais Alexander Fleming, mais utilisée seulement à partir de 1940 : la plupart des paraplégiques et des tétraplégiques ne sont désormais plus emportés en quelques jours par une septicémie ou une infection rénale. Ces progrès spectaculaires conduisent en 1943 à sa nomination par le ministère des Anciens combattants à Stoke Mandeville, où il s'occupe des vétérans de guerre à leur retour du front.

Ayant réussi à lutter efficacement contre les principales causes de mortalité immédiate des blessures à la moelle épinière, Guttmann oriente ses recherches vers la réhabilitation et la réinsertion sociale de ceux dont il a la charge. Les premiers Jeux de Stoke Mandeville sont ainsi organisés le 30 juillet 1948, le même jour que la cérémonie d'ouverture de ceux de Londres. La coïncidence n'est pas fortuite : le projet de l'équipe de neurologues est de montrer que le handicap dont sont affectés les paralytiques ne les empêche pas de réaliser des performances sportives tout aussi exceptionnelles que les athlètes dits « valides ». La compétition inaugurale, qui dure une journée, met aux prises seize archers et ne cesse de croître les années suivantes : à partir du milieu des années 1950, environ 300 sportifs, venus principalement du monde anglo-saxon, font le voyage et s'affrontent durant trois jours dans onze disciplines – au tir à l'arc se sont par exemple ajoutés le lancer du javelot en 1950, la natation en 1953, l'escrime et le basket-ball en 1955. À l'origine, les participants sont majoritairement d'anciens soldats, mais la proportion de civils augmente fortement au tournant des années 1960 avec la croissance vertigineuse des accidents d'automobile.

Les liens intimes entretenus de longue date entre l'institution militaire et le CIO facilitent la réalisation des objectifs de Guttmann. En 1956, les compétitions organisées à Stoke sont reconnues comme Jeux paralympiques, dont le nom signifie qu'il s'agit des Jeux olympiques des paralytiques. En 1960, ils ont lieu à Rome, du 19 au 24 septembre, soit six jours après la cérémonie de clôture de l'olympiade principale. Guttmann a fait jouer ses liens professionnels avec le centre de recherche sur la moelle épinière de l'hôpital d'Ostie, financé par l'Institut national italien de protection contre les accidents du travail (INAIL), qui apporte également un soutien logistique essentiel pour la tenue des Jeux paralympiques dans la capitale italienne. Les 400 concurrents logent au village olympique, où ont également lieu les épreuves dans les gymnases d'entraînement. Guttmann, de son côté, est reçu en audience par le pape Jean XXIII, qui le salue comme « le Coubertin des paralysés ».

Le pli est pris : les années olympiques, les Jeux de Stoke Mandeville se délocalisent dans la ville ou le pays qui accueille les Jeux olympiques. C'est le cas en 1964 (Tokyo), 1972 (Heidelberg) et 1976 (Toronto), mais pas en 1968 ni en 1984, chaque fois pour des raisons financières. Dans le premier cas, les Jeux paralympiques se déroulent à Tel Aviv – à la suite de la guerre des Six-Jours en 1967, les médecins militaires israéliens avaient en effet commencé une longue et étroite collaboration avec leurs confrères de Stoke. Dans le second cas, l'annulation au dernier moment par l'université de Chicago entraîna la tenue de deux compétitions successives : début août à Stoke, site naturel de repli des Jeux paralympiques, mais aussi fin juin à New York, grâce aux subventions débloquées dans l'urgence par l'armée états-unienne. Enfin, en 1980, ils ont lieu à Arnhem, aux Pays-Bas, l'URSS refusant d'accueillir une compétition qu'elle estime trop liée aux militaires occidentaux, de surcroît dans un moment de tensions internationales liées à l'intervention de l'Armée rouge en Afghanistan. Les Soviétiques se trompent en partie. Au cours des années 1970, les Jeux paralympiques se sont ouverts à d'autres formes de handicap : les amputés, les aveugles et les déficients visuels sont admis en 1976, les infirmes moteurs cérébraux en 1980, suivis quatre ans plus tard par la catégorie indistincte des « Autres », c'est-à-dire le reste des formes de déficience – la part des militaires par rapport aux civils ne cesse par conséquent de baisser. Par ailleurs, le succès de l'édition new-yorkaise de 1984 – plus de 80 000 spectateurs pendant les quatorze jours de compétition – convainc définitivement le CIO de les organiser dorénavant quelques semaines après les Jeux olympiques, sur les mêmes sites de compétition que ces derniers.

A ainsi émergé progressivement au sein du mouvement olympique une distinction entre les athlètes « valides » et ceux qui sont « handicapés », chaque catégorie ayant ses propres compétitions. Cette séparation se double en outre implicitement d'une hiérarchisation entre les deux types de performances : celles réalisées en athlétisme aux Jeux paralympiques sont dans les premiers temps objectivement inférieures à celles des Jeux olympiques, tandis que les sports collectifs nécessitent une adaptation des règlements. Si la légitimité sportive des personnes présentant des déficiences est reconnue avec l'institutionnalisation des épreuves auxquelles elles participent, celle-ci reste néanmoins définie en creux et de manière relative, en faisant référence aux athlètes « valides ».

Ce genre de différenciation n'existait pas à l'origine. En 1948, alors que se tiennent les premiers Jeux de Stoke Mandeville, c'est à Londres que le sergent de l'armée hongroise Károly Takács gagne la médaille d'or au tir au pistolet à 25 mètres. Amputé de la main droite à cause d'une grenade défectueuse lors d'un entraînement en 1938, ce droitier tire avec sa « mauvaise » main, la gauche, et devient malgré tout champion olympique, performance qu'il renouvelle en 1952. À Helsinki, la cavalière Danoise Lis Hartel, atteinte d'une poliomyélite lors de sa seconde grossesse et paralysée en dessous des genoux, est quant à elle la première femme médaillée d'équitation avec sa deuxième place dans l'épreuve de dressage individuel. À l'époque, ces particularités sont évoquées à titre anecdotique : une dizaine d'années plus tard, ces deux athlètes auraient dû concourir aux Jeux paralympiques. Il n'est pas sûr, toutefois, qu'ils l'aient accepté.

Le cantonnement des sportifs en situation de handicap dans des compétitions prévues pour eux, à partir des années 1960, est en effet parfois mal vécu par ceux-ci, comme si on leur déniait une part d'humanité ou qu'on les reléguait dans une catégorie réservée à une forme de « sous-humanité ». Le développement massif des activités sportives dans le cadre de protocoles de rééducation motrice au tournant des années 1970 finit par avoir un effet paradoxal : pensées comme un moyen de retrouver des sensations physiques et de moins se sentir « handicapé », elles aboutissent à ce que les meilleurs paralympiques se voient sans cesse renvoyés à un statut qu'ils perçoivent comme inférieur, voire stigmatisant et discriminant.

Certains d'entre eux en viennent ainsi à vouloir s'affranchir des barrières de catégorie. C'est le cas de Neroli Fairhall, une Néo-Zélandaise qui en 1966, à 22 ans, a eu un accident de moto qui l'a laissée paralysée des deux jambes. Au début, elle fait de l'athlétisme en fauteuil roulant et participe aux Jeux paralympiques de Heidelberg en 1972 dans les épreuves de slalom, de sprint de 60 mètres, de lancer du poids et du disque. Elle découvre ensuite le tir à l'arc, discipline dans laquelle son excellent coup d'œil fait merveille et où elle fait preuve de qualités d'équilibre et de concentration exceptionnelles. Il lui faut néanmoins renforcer sa musculature – ses bras sont trop faibles et ses abdominaux pas assez développés –, ce qu'elle fait en s'entraînant en piscine quatre fois par semaine. En 1980, elle remporte la médaille d'or de tir à l'arc aux Jeux paralympiques d'Arnhem et devient également championne de son pays dans la catégorie « valide ». Elle n'a plus dès lors qu'un objectif, celui d'aller aux Jeux olympiques de Los Angeles en 1984. À force de volonté, elle parvient à s'y qualifier. Elle y finit 35e.

L'exemple de Neroli Fairhall contraint le CIO à abandonner sa définition médicale du handicap – un sportif avec une déficience est « handicapé » – pour adopter une conception relative de celui-ci – un sportif avec une déficience est « handicapé » si, et seulement si, ses performances sont inférieures à celles des sportifs sans déficience du fait de son handicap ; dans le cas contraire, il est considéré comme un athlète « valide ». Ainsi, aux Jeux olympiques de Sydney, en 2000, une coureuse états-unienne malvoyante, Marla Runyan, se hisse jusqu'en finale du 1 500 mètres où elle se classe 8e. Lors de la même olympiade, le Sud-Africain Terence Parkin, un nageur sourd, s'aligne sur le 200 mètres brasse et gagne la médaille d'argent : un flash lumineux lui permet de prendre le départ de ses courses. Certains de ses concurrents se demandent si ce dispositif ne l'avantage pas – la lumière allant plus vite que le son –, tout comme, seize ans avant, des adversaires de Fairhall avaient posé réclamation contre elle – tirer en position assise étant moins fatiguant que tirer debout. Tous ces recours furent rejetés. Même si Neroli Fairhall n'a pas obtenu de médaille à Los Angeles, son épopée est loin d'avoir été inutile.

Chapitre 11

Derniers feux à l'Est (Séoul, 1988)

C'est une véritable course à la perfection qui s'engage entre les deux gymnastes. Lorsque débute le concours général individuel, le vendredi 23 septembre 1988 en milieu d'après-midi, cinq dixièmes de point séparent la Soviétique Elena Chouchounova (39,837) de la Roumaine Daniela Silivaş (39,787). Lors des programmes imposés de la compétition par équipes, disputée l'avant-veille, seules de très légères imperfections leur ont coûté en moyenne quelques centièmes, retranchés d'un total de dix points sur chaque agrès (saut de cheval, sol, barres asymétriques et poutre). Place maintenant au programme libre : les deux jeunes femmes se livrent jusqu'au bout un duel acharné, le plus serré depuis l'introduction de la gymnastique féminine aux Jeux olympiques en 1952, dépassant même en intensité celui qui, douze ans auparavant à Montréal, avait déjà opposé la Roumanie à l'URSS, par le biais de Nadia Comăneci et de la Tadjike Nelli Kim.

Le caractère spectaculaire de cet affrontement est renforcé par l'ordre de passage de Chouchounova et de Silivaş, qui, à chaque rotation, se succèdent l'une à l'autre. Le concours commence aux barres asymétriques. La Soviétique se contente de réaliser deux lâchers de la barre supérieure, qui ne sont plus alors considérés comme une difficulté majeure. Surtout sa réception n'est pas pilée et elle rebondit de dix centimètres vers l'avant. Résultat : 9,9/10. En revanche, la prestation de Daniela Silivaş, plus difficile techniquement et plus rapide, est impeccable. Le visage de la Soviétique s'assombrit, c'est le premier 10/10 de l'après-midi. La Roumaine a dorénavant cinq centièmes d'avance. Sur la poutre, les deux athlètes rivalisent d'acrobaties de haut vol : un léger déséquilibre pour Chouchounova (9,925/10), deux pour Silivaş (9,9/10), cette dernière n'a plus que 25 millièmes d'avance. Au sol, la Russe réussit les enchaînements compliqués qu'elle avait ratés aux championnats d'Europe et du monde l'année précédente : d'abord une diagonale composée de deux rondades enchaînées par un twist et un saut périlleux arrière jambes groupées ; puis une autre, incroyable, consistant en une variante atténuée du salto Thomas – du nom du gymnaste états-unien Kurt Thomas qui l'a réalisé pour la première fois en 1978 : un double saut périlleux arrière jambes tendues conclu par un twist tête en bas suivi d'une roulade avant à la réception. Chouchounova supprime seulement le twist final du mouvement : 10/10. Silivaş est tout aussi virevoltante, aussi bien d'un point de vue acrobatique que chorégraphique – elle propose un improbable *moonwalk* inspiré de Michael Jackson sur la musique de Rondò Veneziano : note maximale pour elle aussi, l'écart reste inchangé.

Le titre se jouera donc au saut de cheval, lors de la dernière rotation. Daniela Silivaş passe en premier et semble excellente, même si les juges ont bien vu que ses mains ne sont pas positionnées parfaitement au centre du cheval et que ses jambes sont traversées d'un infime tremblement à la réception : 9,95/10, la victoire ne devrait toutefois pas lui échapper. Attention cependant à Chouchounova, qui excelle particulièrement sur cet agrès : même saut que sa concurrente – un Yurchenko, extrêmement dangereux puisqu'il consiste à se présenter sur le cheval en position arrière à pleine vitesse, après avoir effectué une rotation à l'appel sur le tremplin abordé en rondade –, mais plus ample, mieux maîtrisé, notamment sur la fin, les jambes restant tendues et fermes. Au moment de saluer le jury, le visage de la gymnaste soviétique s'éclaire d'un large sourire ; en contrebas du sautoir, celui de Silivaş perd immédiatement le sien – un bref instant, le regard de la Roumaine traîne dans le vague : elle a compris. C'est le saut parfait et le quatrième 10/10 du concours : Chouchounova est championne olympique avec 25 millièmes d'avance (79,662/80 contre 79,637/80).

Sans qu'il le sache encore, le monde de la gymnastique soviétique vient de conclure sa neuvième et dernière participation aux Jeux de la plus belle des manières : Elena Chouchounova est son chef-d'œuvre, un alliage d'élégance, de dynamisme et de maturité qui constitue la réponse patiemment bâtie pour répondre au défi représenté par Nadia Comăneci en 1976. Aux Jeux de Montréal, cette dernière, âgée alors d'à peine 14 ans, avait en effet dominé la compétition de manière flamboyante, en s'appuyant sur des qualités acrobatiques exceptionnelles qui avaient brutalement rendu obsolète la conception de la discipline telle que les Soviétiques l'avaient façonnée. Ce tournant décisif vers une gymnastique plus acrobatique se doublait d'un rajeunissement prononcé de celles qui pouvaient la mettre en œuvre. Les deux dimensions étaient il est vrai complémentaires, tant il valait mieux avoir un poids léger et être de petite taille – et par conséquent généralement plus jeune – pour réussir à accomplir en l'air le plus de mouvements possible, eux-mêmes par ailleurs de plus en plus difficiles. En réalité, la performance de Nadia Comăneci s'inscrivait dans une tendance générale vers l'acrobatisation, à l'œuvre depuis la fin des années 1960, qu'elle avait radicalisée tout en la magnifiant grâce à une maîtrise impressionnante sur tous les agrès.

Quatre ans auparavant, à Munich, c'est en fait une gymnaste soviétique, la petite Biélorusse Olga Korbut (1,52 mètre), qui la première avait proposé des programmes comprenant des figures ébouriffantes non seulement au sol, ce qui était dans l'air du temps depuis quelques années, mais aussi aux barres asymétriques – notamment une sortie arrière – et sur la poutre – son salto arrière la rend célèbre. Le public ouest-allemand en est estomaqué et enthousiasmé, tout comme Richard Nixon qui la reçoit l'année suivante dans le Bureau ovale de la Maison Blanche, à la fin d'une tournée triomphale de l'équipe soviétique aux États-Unis – cette « diplomatie de la gymnastique », l'équivalent de celle du « ping-pong » mise en place avec la Chine populaire deux ans avant, symbolisant l'apaisement momentané entre les deux superpuissances mondiales. Ce n'était toutefois pas encore ce type de prestation qui permettait de gagner : en 1972, la médaille d'or au concours général individuel revient à l'une des coéquipières de Korbut, l'Ingouche Lyudmila Tourichtcheva, plus âgée (20 ans), plus grande (1,60 mètre), qui s'essaie aux acrobaties au sol, mais dont le style général respecte les canons classiques de la gymnastique soviétique.

Ceux-ci avaient été fixés progressivement à partir de l'apparition de la discipline aux Jeux d'Helsinki en 1952. L'URSS, qui occupe une place centrale au sein de la Fédération internationale de gymnastique (FIG) en raison de son nombre très élevé de pratiquantes – sans commune mesure avec quelque nation que ce soit –, imprime sa marque. S'inspirant fortement des ballets russes, la gymnastique dite artistique s'ancre dans une tradition pluriséculaire caractéristique de l'ancienne société aristocratique, récupérée par le pouvoir communiste, mais métamorphosée en un sport présenté comme moderne et démocratique, ce qui correspond aux idéaux de progrès promus par le régime. Après quelques années de tâtonnements au cours desquels la distinction s'opère peu à peu avec la gymnastique dite rythmique – caractérisée par l'emploi de plusieurs engins d'adresse (cerceau, ballon, massues, ruban et cordes) –, la première championne olympique d'envergure, l'Ukrainienne Larissa Latynina, offre le modèle achevé de la femme soviétique accomplie : formée à la danse classique, elle dégage l'image d'une sportive pleine de grâce, que les dix-huit médailles remportées en trois olympiades, de 1956 à 1964, n'empêchent pas de devenir également une bonne mère de famille en 1958. La plupart des gymnastes des années 1960 cherchent à l'imiter, en premier lieu celle qui lui succède au palmarès du concours général individuel en 1964 et 1968, la Tchécoslovaque Vĕra Čáslavská : une taille similaire (1,60 mètre contre les 1,61 mètre de Latynina), une chevelure blonde identique, une élégance semblable dans l'exécution des mouvements et l'obtention d'une première médaille au même âge (22 ans).

Pourquoi, dès lors, observe-t-on à Munich, avec Lyudmila Tourichtcheva et surtout Olga Korbut, une inflexion vers une gymnastique plus acrobatique ? Plusieurs facteurs peuvent l'expliquer. Le premier renvoie à une logique de guerre froide et à la frustration éprouvée par les États-Unis, dans un contexte de course aux médailles, d'être à chaque olympiade absents des six podiums de la gymnastique féminine (par équipes, au concours général et dans chacun des quatre agrès). Par manque d'une tradition aussi établie de formation en danse classique, les Américaines ne peuvent rivaliser à armes égales avec les pays de l'Est et se concentrent par conséquent davantage sur les aspects acrobatiques des enchaînements, espérant y grapiller quelques points. Dès 1956, l'âge moyen de l'équipe états-unienne passe ainsi sous la barre des 20 ans, alors que les formations soviétique et roumaine ne se stabilisent à ce niveau que dans les années 1970. De même, dans la décennie 1960, les premières gymnastes âgées de seulement 15 ans sont toutes états-uniennes.

Un deuxième facteur tient davantage aux dynamiques internes à la Fédération internationale de gymnastique et à la nécessité qui s'impose à elle de se structurer comme un organisme proprement sportif du fait de son inscription au programme olympique. Les médailles décernées dans ce cadre doivent récompenser des performances mesurables, quantifiables et comparables, pour qu'aucune athlète en compétition ne soit lésée. De ce point de vue, les difficultés acrobatiques donnent lieu à des jugements mieux fondés et plus objectifs que des appréciations générales sur le style d'une concurrente. La part accordée à ces critères techniques, considérés comme moins subjectifs, ne cesse donc de progresser dans la note globale et, au début des années 1970, un mouvement inédit particulièrement difficile peut même être récompensé de dixièmes de points de bonus. Les « petites » nations de la gymnastique féminine, qui ont du mal à se faire une place à côté de l'ogre soviétique, s'engouffrent dans la brèche, comme l'illustrent les orientations prises par la Roumanie, et notamment l'entraîneur de

Nadia Comăneci, Béla Károlyi, dans la première moitié de la décennie 1970.

Face à ces évolutions, l'attitude des dirigeants de la FIG est ambivalente. Tout en les déplorant – on n'aurait plus affaire à des femmes mûres et équilibrées mais à des enfants –, ces derniers ne cessent de les favoriser : d'une part avec les révisions successives du code de pointage – celui-ci délimite au début de chaque olympiade ce que les juges considéreront comme acceptable ou non –, qui accorde sans cesse plus d'importance aux éléments acrobatiques, d'autre part en encourageant les perfectionnements dans la fabrication des agrès. Ces progrès techniques ont initialement pour objectif de protéger la santé des gymnastes qui proposent des exercices toujours plus dangereux. C'est le cas de la poutre qui, en 1972, est recouverte d'une couche de cuir pour que ces dernières se fassent moins mal. Toutefois, ces améliorations finissent par avoir l'effet inverse de celui recherché en rendant effectivement possibles des innovations acrobatiques jusque-là irréalisables. Ainsi, à Munich, ce sont bien les nouvelles barres asymétriques en fibre de verre enrobée de bois – pensées pour pouvoir se plier en cas de choc – qui facilitent les lâchers de barre, ce qui est aussitôt exploité par Olga Korbut. En 1976, les ressorts ajoutés sous les tapis de sol – à l'origine en vue d'amortir une chute – ont pour effet de permettre d'aller plus haut, ce qui donne lieu au premier double saut périlleux réalisé par Nadia Comăneci. Plus généralement, la FIG ne peut rester insensible au goût du public, qui apprécie énormément ce nouveau type de gymnastique, ce dont témoigne l'immense popularité dont jouissent Korbut après 1972 et Comăneci à l'issue des Jeux de Montréal.

Enfin, la tendance à l'acrobatisation est d'autant plus irréversible qu'elle a également des défenseurs en Union soviétique. On les trouve dans le milieu des entraîneurs qui ne sont pas issus du monde de la danse classique mais de celui des arts du cirque : ceux-ci s'enorgueillissent d'être les dépositaires d'une tradition russe tout aussi prestigieuse que celle du ballet. Ce sont généralement des hommes, qui se consacraient jusque-là à l'entraînement des gymnastes masculins, et qui considèrent, à la fin des années 1960, que la gymnastique féminine est allée au bout de son évolution inspirée par la danse et qu'elle doit évoluer. Il s'agit par exemple de Renald Knysh, l'entraîneur d'Olga Korbut, ou de Vladislav Rastorotsky, qui prend en main Lyudmila Tourichtcheva en 1970 et la convainc d'introduire plus d'acrobatie au sol – il s'occupera ensuite de Natalia Yurchenko, avec laquelle il mettra au point le saut révolutionnaire qui porte le nom de cette dernière. Au cours des années 1970, les réflexions de ce groupe de techniciens trouvent des oreilles toujours plus attentives au sommet de la fédération de gymnastique soviétique, en raison de l'affirmation internationale de ce tournant acrobatique, auquel ils ont activement contribué et dont l'essor les renforce dans leurs convictions. De manière plus pragmatique pour les dirigeants du sport soviétique, il faut maintenir la suprématie de l'URSS sur la discipline et se donner les moyens de lutter contre une concurrence de plus en plus vive, quitte à accompagner le mouvement pour mieux le contrôler.

Dans ce contexte, le triomphe de Nadia Comăneci à Montréal balaie toutes les certitudes sur ce qu'était et devait être la gymnastique féminine. Sidérés par le caractère acrobatique prononcé des enchaînements de la gymnaste roumaine, les responsables soviétiques, pris de panique, changent radicalement d'approche. L'entraîneuse de l'équipe nationale, Larissa Latynina, est mise sur la touche au profit de Yuri Titov, ce qui a pour effet de rendre amère l'ancienne championne olympique – « Comme si c'était ma faute : je n'y peux rien si Nadia Comăneci est née en Roumanie et non en URSS », commente-t-elle alors. L'idée est de former dans l'urgence une gymnaste capable de rivaliser avec la Roumaine sur le plan acrobatique. Divine surprise : elle existe déjà. Dans le club moscovite de l'Armée rouge, le CSKA, on déniche en effet la perle rare : elle s'appelle Elena Mukhina, est âgée de 16 ans, mesure 1,52 mètre pour 41 kilos et est entraînée depuis plusieurs années par Mikhaïl Klimenko, venu des arts circassiens. Elle donne entière satisfaction : lors du championnat du monde de 1978, à Strasbourg, elle bat Comăneci dans le concours général et éblouit l'assistance par son audace – avec, au sol, un double salto arrière avec vrille complète et, à la poutre, une sortie en double salto arrière carpé.

L'encadrement soviétique tient là l'arme fatale qui permettra à coup sûr de gagner la médaille d'or aux Jeux olympiques de Moscou, en 1980, et de venger ainsi l'affront de Montréal. Anticipant une réaction des Roumaines après leur défaite strasbourgeoise, Mikhaïl Klimenko décide néanmoins d'élever le niveau de difficulté des figures de Mukhina et lui demande de réaliser le salto qui a permis à Kurt Thomas de s'imposer au sol lors de ces mêmes championnats du monde disputés dans la capitale alsacienne. Mukhina se rend très vite compte de la dangerosité de ce salto Thomas, qui nécessite une précision extrême sous peine, si on ne va pas assez haut, de retomber sur le dos, ou, au contraire, si on se laisse emporter par son élan, de se briser la nuque. Mais Klimenko ne lui laisse pas le choix – sans doute pense-t-il à ses perspectives de carrière et à la possibilité d'intégrer la direction technique nationale si sa protégée obtenait la médaille d'or. Mal lui en prend : Mukhina se casse une jambe et manque le championnat du monde de 1979, où, pour la première fois, l'URSS perd le titre par équipes au profit de la Roumanie. Alors que les Jeux approchent, la pression s'accentue pour que Mukhina soit rétablie à temps. Les médecins lui retirent son plâtre trop tôt et Yuri Titov la force à s'entraîner, bien qu'elle ne soit pas remise. Début juillet 1980, à trois semaines du début de la compétition olympique, alors qu'elle s'exerce au salto Thomas, Mukhina se brise plusieurs vertèbres et finit paraplégique.

Les autorités soviétiques ont beau garder secrètes les circonstances précises de l'accident, l'émotion est immense, aussi bien dans les pays occidentaux, où l'on dénonce le « massacre des innocents », qu'en URSS, où la nécessité de protéger la santé des enfants s'impose dans le débat public. Dans la foulée, la FIG décrète l'interdiction des jeunes filles de moins de 15 ans dans les concours internationaux, avant de retirer le salto Thomas du code de pointage féminin. De son côté, la fédération soviétique, après avoir hésité sur la marche à suivre – en 1981, elle produit un faux certificat de naissance pour qu'Olga Bicherova (13 ans) puisse s'inscrire au championnat du monde –, choisit dans les années qui suivent de modifier les modalités de préparation de ses futures championnes. Plus question de lancer précocement dans le grand bain de jeunes prodiges qui prendraient des risques insensés : mieux vaut augmenter les difficultés progressivement, au fur et à mesure que la masse musculaire permet de les réaliser avec plus de maîtrise et une marge de sécurité suffisante. La performance d'Elena Chouchounova à Séoul est le produit de cette réorientation. Depuis 1984, sa progression a été linéaire, ses enchaînements s'enrichissant au fil des années, sans que les déceptions dans les tournois intermédiaires, européens et mondiaux, ne la fassent dévier d'une trajectoire calculée en prévision des Jeux sud-coréens ; avec pour résultat, en 1988, une jeune femme de 20 ans, à la musculature dessinée, qui domine totalement son sujet. Le même parcours est prévu pour la benjamine de l'équipe soviétique à Séoul, Svetlana Boginskaya, alors âgée de 15 ans, qui livre des prestations correctes mais timides : quatre ans plus tard à Barcelone, elle remportera haut la main le concours général. En revanche, la Roumanie reproduit ce qui lui avait réussi dans les années 1970. En 1988, Daniela Silivaş est officiellement âgée de 18 ans, alors qu'en réalité c'est une adolescente d'à peine 16 ans – les autorités roumaines avaient falsifié son passeport trois ans avant pour contourner les nouvelles dispositions de la FIG sur l'âge minimal requis.

Par ailleurs, la victoire de Chouchounova ne souffre aucune contestation possible, contrairement à ce que certains historiens états-uniens ont depuis prétendu. Leurs récriminations s'appuient sur la note de Silivaş au saut (9,95/10), obtenue en faisant la moyenne de celles données par les six juges, qu'aurait tirée vers le bas le 9,8 de la Soviétique Nelli Kim – cette dernière, médaille d'argent à Montréal, aurait ainsi réglé ses comptes avec les gymnastes roumaines. En réalité, les procédures de notation avaient été modifiées en 1987 : la meilleure et la moins bonne note étaient retirées et la moyenne était effectuée à partir des quatre notes restantes – les juges néerlandais, est et ouest-allemands avaient mis un 10, l'Italien et l'Australien un 9,9. Cette polémique renvoie à la question plus générale de la difficulté à départager des performances d'un niveau à la fois proche et très élevé à partir de minuscules détails. L'accent mis sur les aspects techniques dans le code de notation au début des années 1970 n'avait en effet pas réglé le problème de la subjectivité du jugement. Par exemple, à la poutre, un déséquilibre était sanctionné entre un et trois dixièmes de point selon qu'il était « léger » ou « fort », la différence entre les deux étant laissée à l'appréciation de chacun des membres du jury. Entrait également en compte l'ordre de passage des gymnastes, les supposées meilleures se produisant dans les rotations finales : le niveau des notes montait progressivement, avec le risque pour les juges de se retrouver limités par l'échelle de notation sur 10 en cas de prestation exceptionnelle. C'est ce qui s'était passé aux Jeux de Montréal en 1976 : les notes attribuées à Nelli Kim tournant en moyenne autour de 9,9, le jury ne put faire autrement que mettre, à sept reprises, la note maximale de 10/10 à Nadia Comăneci, ce qui n'était jamais arrivé dans un concours olympique, mais c'était le seul moyen de traduire en chiffres la supériorité évidente de la Roumaine sur ses concurrentes.

Prisonniers d'une lecture en termes exclusivement politiques, les commentateurs anglo-saxons considèrent que la moyenne de Kim était trop élevée et lui laissait une chance de remporter la médaille d'or en cas de chute de Comăneci sur un des agrès – ce qui était faux : il aurait fallu plusieurs chutes pour qu'advînt un tel scénario. Ils voient là la main d'une alliance entre juges du bloc socialiste, ce qui leur permet aussi d'expliquer l'incapacité systématique des gymnastes occidentales de monter sur un podium. Ils surestiment en outre la solidarité entre les pays de l'Est, qui étaient loin de former un bloc monolithique, comme l'épilogue du concours général aux Jeux de Moscou en a apporté la démonstration. Nadia Comăneci avait alors besoin d'un 9,96 à la poutre pour devancer sur le fil la Russe Elena Davydova, promue au pied levé chef de file de l'équipe soviétique après la blessure de Mukhina. La prestation de Comăneci, bonne sans être excellente, lui valut un 9,85, insuffisant pour le titre. Néanmoins, pendant une demi-heure de conciliabules tendus, la juge roumaine, Maria Simionescu, tenta de convaincre son collègue polonais de hausser sa note, avant que la responsable du corps arbitral, la redoutée Allemande de l'Est Ellen Berger, ne décide d'entériner le résultat.

En 1988, c'est néanmoins cette veine interprétative que choisissent encore de creuser les observateurs états-uniens, les journalistes d'ABC se lamentant du retour de la « *big red machine* » après la parenthèse enchantée de Los Angeles 1984 et de la médaille d'or de l'Américaine Mary Lou Retton. Ils faisaient fausse route et ne rendaient pas justice à la qualité du spectacle auxquels ils venaient d'assister : un des plus beaux concours gymniques jamais disputés.

À la différence de certaines de ses prestigieuses aînées, Elena Chouchounova n'a toutefois pas laissé une trace notable dans la mémoire collective, ni en Russie ni ailleurs. Dans le palmarès de la gymnastique féminine soviétique, elle figure presque anonyme au milieu des trente-deux autres titres remportés par des compatriotes entre 1952 et 1988 – sur un total de quarante-cinq, ce qui donne la mesure de l'hégémonie exercée par l'URSS. C'est en fait l'histoire d'une jeune fille soviétique banale, mais d'une banalité voulue et entretenue par un système sportif visant à distinguer les meilleurs athlètes tout en rappelant constamment leur statut de citoyens comme les autres. Née dans une famille juive de la classe moyenne de Leningrad – sa mère est membre du Parti communiste –, elle devient, après avoir décroché sa médaille, fonctionnaire municipale dans le service des sports de sa ville, sans autre titre de gloire que celui de maître émérite de sport, une distinction décernée en général aux champions olympiques. Elle ne réclame rien d'autre et se contente de la satisfaction d'avoir, dans son domaine d'activité, bien mérité de la patrie, certes, mais surtout d'être parvenue à une forme d'accomplissement personnel. Une jeune femme discrète, et dont la discrétion illustre la force du mythe de l'olympisme tel qu'il a été reformulé par la société soviétique : il y devient le lieu privilégié de l'émancipation par le sport de jeunes gens cultivant des qualités de courage, de ténacité et de sobriété.

Chapitre 12

Être une femme (Londres, 2012)

Sans doute Caster Semenya aurait-elle dû adopter la stratégie des sprinteuses noires américaines et jamaïquaines pour qu'on la laisse tranquille. Lorsqu'elle remporte le 800 mètres féminin des championnats du monde d'athlétisme de Berlin, le 19 août 2009, sa performance est éclipsée par les polémiques apparues dans la presse sportive occidentale depuis que la jeune Sud-Africaine de 18 ans a disputé les séries deux jours plus tôt. On la juge trop musclée, elle n'a pas de poitrine, son bassin est trop étroit, elle a des poils : en résumé, on la soupçonne d'être un homme. Le matin de la finale, la Fédération internationale d'athlétisme annonce dans un communiqué que l'identité sexuelle de Semenya sera étudiée par un groupe d'experts. Ce type de procédure est prévu depuis le début des années 2000 : quand, d'un point de vue esthétique, l'appartenance d'une athlète au genre féminin est jugée douteuse, le recours à des examens physiologiques plus poussés est recommandé.

Mais qu'est-ce au juste qu'une femme sportive ? En matière de pratique féminine, la question de définir ce qui était acceptable ou non s'est posée dans les sociétés occidentales dès la fin du XIXe siècle et continue de l'être encore aujourd'hui. Lorsque le sport a commencé à se diffuser, beaucoup d'hommes ont d'abord estimé que celui-ci représentait un danger pour le corps féminin – c'est par exemple au nom de considérations prophylactiques que le Vatican, en 1932, demande au gouvernement italien de réduire au maximum le nombre de jeunes filles dans la délégation envoyée à Los Angeles. Face à ces discours prônant plus ou moins la prohibition, d'autres autorités, qu'elles soient médicales, religieuses ou politiques, ont au contraire considéré que la pratique du sport pouvait contribuer à corriger la faiblesse naturelle des femmes et ainsi améliorer leur condition. Cependant, même les partisans de cette solution hygiéniste se demandaient jusqu'où on pouvait aller dans cette voie. Fallait-il mettre des limites à ce processus de sportivisation, qui entraîne une croissance musculaire que beaucoup interprètent toujours comme une masculinisation incommodante, voire comme une véritable dénaturation ? Les réponses apportées à ces interrogations ont varié en fonction des contextes sociaux et politiques.

En URSS, au tournant des années 1960, un nouveau modèle de féminité caractérisé par des musculatures imposantes cohabite ainsi avec celui de la grâce et de l'élégance, incarné entres autres par la gymnaste Larissa Latynina. Les figures d'Alexandra Tchoudina

– médaillée en lancer du javelot et au saut en hauteur et en longueur à Helsinki – et surtout des sœurs Irina et Tamara Press – pluri-médaillées à Rome et à Tokyo, en saut de haies et pentathlon pour la première, en lancer du disque et du poids pour la seconde – sont par exemple valorisées. Elles deviennent l'emblème de l'émancipation des femmes revendiquée par le régime pendant la période khrouchtchévienne. Ces dernières sont désormais assez fortes pour travailler autant et aussi bien que les hommes : en 1956, elles constituent 45 % de la population active et ce mouvement, présenté comme irrésistible, n'est plus contrecarré par une idéologie familialiste à peu près dépassée – l'avortement a été réautorisé en 1955. Aussi n'est-il jamais fait mention dans la presse soviétique d'une éventuelle maternité des sœurs Press, érigées au rang de symboles triomphants de la nouvelle femme communiste.

Aux États-Unis, l'émergence des Noires en athlétisme – matérialisée par le titre d'Alice Coachman en saut en hauteur en 1948 puis par les trois médailles de Wilma Rudolph en 1960 – implique pour elles de devoir subvertir deux sortes de préjugés. Le premier renvoie à d'hypothétiques prédispositions des corps noirs pour certains sports, comme la course ou le basket-ball – la force de ces préjugés explique justement que les Africains-Américains privilégient ces disciplines, se conformant ainsi à ce qui est jugé légitime pour eux, ce qui facilite objectivement une carrière sportive dans ces spécialités. Ces croyances sont elles-mêmes issues des interprétations racialistes de la performance physique forgées dans la première moitié du XXe siècle, mais qui se sont progressivement adaptées à ce qu'il était licite de penser et de dire après la Seconde Guerre mondiale. Dans les années 1980, on retrouve l'écho de ces conceptions selon lesquelles les Noirs seraient plus proches du règne animal que d'autres « races » – c'est ce qu'affirmait explicitement un manuel officiel d'athlétisme publié en 1941 et largement diffusé jusque dans la décennie suivante. Dans la presse sportive occidentale, la sprinteuse Florence Griffith-Joyner – médaillée d'or sur 100 mètres et 200 mètres en 1988 – est ainsi fréquemment qualifiée de « gazelle » ou de « magnifique panthère », l'hebdomadaire *Paris Match* évoquant pour sa part une superbe « tigresse noire ». Le second préjugé s'inscrit dans la mémoire de l'esclavage. Au XXe siècle, les femmes noires musclées sont associées dans les représentations collectives américaines au souvenir de celles qui devaient travailler aux côtés des hommes dans les champs de coton du sud des États-Unis ou dans les plantations de canne à sucre des Antilles. Face à ce système de valeur doublement stigmatisant, qui conditionne les jugements esthétiques portés sur elles, les athlètes états-uniennes comme Griffith-Joyner, Marion Jones ou Gail Devers – cela vaut également pour la Jamaïcaine Merlene Ottey – ont répondu par l'affirmation quasi kitsch de leur féminité. Quand Florence Griffith-Joyner, maquillée et parée de multiples bijoux en or, se positionne dans les blocks de départ avec de faux ongles multicolores de cinq centimètres de long et une longue chevelure, elle envoie un message : elle n'est pas une bête mais une femme libre. Ces stratégies capillaires et à base d'accessoires variés ont bien fonctionné, au point que les débats suscités par ces fortes musculatures n'ont pas tant porté sur le degré de féminité des sportives concernées que sur la question de savoir si elles étaient dopées – notamment avec Griffith-Joyner qui, à Séoul, bat deux fois le record du monde du 200 mètres, d'abord en demi-finale, puis en finale, moins de deux heures plus tard.

Les controverses sur la masculinisation des femmes et sur la prise de produits dopants en général sont de toute façon intimement liées. Elles émergent au début des années 1960 dans un contexte de guerre froide, les États-Unis et l'Union soviétique s'accusant mutuellement de doper leurs athlètes. Dans un cadre olympique marqué par une rivalité exacerbée, les deux systèmes sportifs avaient effectivement recours à des pratiques massives et planifiées de dopage obéissant à des impératifs politiques d'amélioration des performances, fût-ce au prix de la santé de ceux qui y étaient soumis. Les Américains sont particulièrement au point dans le domaine des amphétamines, développées pour soutenir les efforts de leurs soldats pendant les combats de la Seconde Guerre mondiale, tandis que l'Armée rouge avait davantage recours aux corticoïdes et aux stéroïdes. Quoi qu'il en soit, ces compétences pharmacologiques circulent au sein des blocs et entre eux dans l'après-guerre, entraînant leur utilisation dans toutes les disciplines, en fonction de l'effet recherché.

Parallèlement s'affirment toutefois sur le plan international des préoccupations de santé publique. Elles sont d'abord formulées par des médecins qui constatent l'augmentation généralisée du recours à des stimulants chimiques potentiellement dangereux en population générale. En 1960, le décès du cycliste danois Knud Jensen dans l'épreuve de cyclisme sur route au Jeux de Rome intervient comme la révélation d'un fait : la sphère sportive n'est non seulement pas épargnée par ce phénomène, mais elle en constitue probablement la pointe avancée en termes d'expérimentations de la qualité et de l'efficacité des diverses substances de synthèse mises au point.

Le monde olympique rechigne néanmoins à lutter contre de telles pratiques. Cette réticence est en partie attribuable à la force de l'habitude, qui ne voit pas là un danger menaçant l'équité des performances réalisées. À la fin des années 1920, le coureur Paavo Nurmi faisait par exemple la publicité du « *Rejuven* » dans la presse finlandaise, suédoise et allemande, sans que personne trouve là rien de blâmable, tant sa supériorité sur le demi-fond était éclatante – le médicament, prescrit pour redonner du tonus, contenait des stéroïdes qui aujourd'hui sont inscrits dans la liste des produits interdits. Les dirigeants du CIO savent surtout que le succès des Jeux repose sur l'affrontement symbolique que s'y livrent les deux superpuissances de la guerre froide : rien ne sera donc entrepris sans l'accord de ces dernières. Les premiers tests antidopage sont ainsi mis en place en 1968 aux Jeux de Mexico à l'initiative de l'URSS, qui y voit un moyen de couper l'herbe sous le pied de ses détracteurs. Les Soviétiques comme les Américains savent en effet que les procédures utilisées alors ne permettront pas de détecter grand-chose : les analyses sont effectuées à partir d'échantillons d'urine – moins concluants que des prises de sang – prélevés seulement sur certains athlètes tirés au sort. En 1968, les médecins cherchent principalement des traces d'amphétamines et d'éphédrine ; certains stéroïdes ne sont eux repérables qu'à partir de 1976 et les bêta-bloquants – précieux dans les diverses épreuves de tir – ne sont pris en compte qu'à partir de 1988. Il faut en fait attendre la fin de la guerre froide pour qu'une lutte contre le dopage soit sérieusement mise en œuvre, avec certes, encore aujourd'hui, des limites importantes qui tiennent aux faibles moyens dont celle-ci dispose face à la toute-puissance financière des laboratoires pharmaceutiques.

En revanche, le CIO sut se montrer intraitable en ce qui concerne les tests de féminité. La sévérité dont il fait preuve dès le milieu des années 1960 s'explique bien sûr par la forte défiance qu'il a toujours exprimée à l'égard de la pratique sportive féminine, d'autant que, le plus souvent, les athlètes décriées ou mises au pilori viennent de pays socialistes – les dirigeants olympiques peuvent ainsi se ménager un périmètre où ils peuvent laisser libre cours à leur anticommunisme. Plusieurs dispositifs visant à repérer les hommes travestis en femmes se succèdent dans le dernier tiers du XXe siècle. En 1966, le premier est établi en collaboration avec la Fédération internationale d'athlétisme à l'occasion d'une compétition européenne organisée à Budapest. Il consiste en un examen gynécologique et morphologique : les sportives se tiennent debout, nues, devant trois médecins, de préférence des femmes, mais en réalité bien souvent des hommes. L'auscultation est complétée par des tests d'effort et de capacité respiratoire – leurs résultats doivent être inférieurs à ceux qu'obtiennent en moyenne non pas les athlètes masculins, mais les hommes en général. Face aux protestations, le prince belge Alexandre de Mérode, membre du CIO et président de la commission médicale de ce dernier, instaure pour les Jeux de Mexico un test chromosomique, dit du « corpuscule de Barr ». Celui-ci se fonde sur les travaux de l'anatomiste canadien Murray Barr, un chercheur de l'université de Western Ontario, à London, à une quarantaine de kilomètres de Toronto, qui, en 1948, avait étudié le système nerveux des chats. En extrapolant sa méthode aux humains, il pensait avoir repéré la différenciation sexuelle à partir de l'analyse du code génétique des cellules : la 46e paire de chromosomes d'un homme serait composée d'un chromosome X et d'un Y, alors que celle d'une femme serait formée de deux X. Le test de Barr, pratiqué à partir d'un échantillon prélevé sur la paroi interne des joues avec un écouvillon, prévoyait de rechercher le second chromosome de la 46e paire pour s'assurer que ce soit bien un X. En cas de résultat positif, un certificat de féminité valable à vie était décerné.

Au fil des années toutefois, la quasi-totalité des généticiens, y compris Barr lui-même, en viennent à contester la validité de la procédure. Celle-ci ne tenait en effet pas compte, entre autres, des cas relativement fréquents de « mosaïque chromosomique » – ils concernent environ 1 % de la population –, c'est-à-dire d'une 46e « paire » constituée de trois chromosomes, voire plus. Ainsi, la première athlète à avoir échoué au test de Barr, la sprinteuse polonaise Ewa Klobukowska – le CIO lui retire alors la médaille de bronze du 100 mètres des Jeux de Tokyo –, présentait en réalité une série, rare, de trois chromosomes (XXY), ce qui ne lui procurait aucun avantage en termes de production de testostérone. Le plus grave dans l'affaire est que la chose avait été démontrée dès 1970, mais que le CIO choisit de faire la sourde oreille jusqu'à la fin des années 1980, ne renonçant au test de Barr qu'en raison de son abandon par la Fédération internationale d'athlétisme, dirigée par un médecin consciencieux, le Suédois Arne Ljungqvist. Une nouvelle méthode est mise au point en prévision des Jeux d'Atlanta en 1996 : celle du test PCR/SRY, où il s'agit de déterminer non plus la nature du deuxième chromosome (X ou Y), mais la présence d'un chromosome Y au sein d'une série chromosomique, quelle qu'elle soit. En vertu de ce test, la judoka brésilienne Edinanci Silva est convaincue d'être trop masculine – elle était en réalité une personne intersexe. Pour accepter son inscription aux Jeux olympiques, le

CIO lui impose une orchidectomie bilatérale, c'est-à-dire l'ablation des deux testicules, et une réduction de son clitoris, jugé hypertrophié. Cette exigence horrifie la communauté scientifique, qui met en évidence son caractère inepte. Le principal défaut de la méthode chromosomique réside en outre dans le fait qu'elle laisse de côté 5 % de la population mondiale – les intersexes – et qu'elle frappe des athlètes originaires de pays pauvres, où ils/elles n'ont pas été détectés comme tels à la naissance et ne se sont pas vu prescrire de traitements hormonaux pour orienter l'identité genrée dans un sens ou dans un autre. Le test PCR/SRY est finalement abandonné pour les Jeux de Sydney en 2000.

Comment le CIO procède-t-il depuis ? Autrement dit, qu'est-ce qu'une femme à ses yeux ? Ce n'est plus une affaire d'organes génitaux ni d'ADN, mais de taux de testostérone, censé caractériser la masculinité. Étant donné que les femmes produisent aussi cette hormone, la commission médicale a fixé un taux au-dessus duquel une femme est réputée en tirer un avantage et ne peut donc concourir dans les compétitions féminines. Le problème reste qu'une telle mesure constitue une injustice pour les femmes hyper-androgynes, qui en sécrètent naturellement en grande quantité.

C'est probablement ce cas de figure auquel le CIO a été confronté avec Caster Semenya, dont le dossier médical reste confidentiel. Suspendue en 2009, elle est ensuite réintégrée en 2010 et peut donc participer aux Jeux de Londres en 2012, où elle finit deuxième du 800 mètres derrière Mariya Savinova – en 2017, le titre olympique est attribué à Semenya après que la Russe a été disqualifiée pour dopage. En Afrique du Sud, la première suspension de 2009 est jugée scandaleuse. Motivée par des examens approfondis diligentés sur des critères esthétiques ayant trait à l'apparence trop « masculine » de Semenya, elle est considérée comme une expression de racisme envers les Noires. Le fait que la coureuse sud-africaine a reçu le soutien public de l'ancien président Nelson Mandela a probablement compté dans la levée de sa suspension par le CIO – il était difficile pour ce dernier de s'opposer à une icône planétaire de cette envergure.

Depuis, Caster Semenya a de nouveau été interdite de compétition par la Fédération internationale d'athlétisme, en raison d'un taux de testostérone trop élevé et de la composition de sa 46e paire de chromosomes (XY) : pour l'IAAF, elle est « biologiquement un homme ». En juillet 2023, la Cour européenne des droits de l'homme a estimé que Semenya avait été victime de discrimination : peut-être pourra-t-elle participer aux Jeux de Paris en 2024 ? Au-delà de son cas personnel, Semenya oblige le monde du sport à redéfinir sa bi-catégorisation genrée, de toute évidence inadaptée aux personnes transgenres.

Remerciements

Chacun à sa manière, Loïc Artiaga, Philippe Collin, Fabien Conord, Nicolas Côte, Josfran De Lima Soares, Sylvain Dufraisse, Bertrand Goujon, François-René Julliard, Michael Lucken, Guillaume Robert, Nicola Sbetti, Vitor Shereiber Nogueira et Lorenzo Venuti ont contribué à l'écriture de ce livre : je les en remercie vivement.

Pour aller plus loin

Ouvrages généraux

Nicolas Bancel *et al.* (dir.), *Une histoire mondiale de l'olympisme 1896-2024*, Paris, Atlande, 2023.

Sylvain Dufraisse, *Une histoire sportive de la guerre froide*, Paris, Nouveau Monde éditions, 2023.

Allen Guttmann, *The Olympics. A History of the Modern Games*, Urbana-Chicago, University of Illinois Press, 1994.

David Miller, *The Official History of the Olympic Games and the IOC. Athens to London 1894-2012*, Édimbourg, Mainstream Publishing, 2012.

Pierre Milza, François Jequier, Philippe Tétart (dirs), *Le Pouvoir des anneaux. Les Jeux olympiques à la lumière du politique 1896-2004*, Paris, Vuibert, 2004.

Nicola Sbetti, *Giochi di potere. Olimpiadi e politica da Atene a Londra 1896-2012*, Florence, Le Monnier, 2012.

Sur les compétitions artistiques aux Jeux de Stockholm

(Pierre de Coubertin, médaille d'or en littérature, *in abstentia* et incognito)

Natalia Camps y Wilant, « A Female Medallist at the 1928 Olympic Art Competitions: The Sculptress Renée Sintenis », *The International Journal of the History of Sport*, 13, 2016, p. 1483-1499 ; « When art was an Olympic discipline: the Fine Art Salon as a possible model for the concept for the Olympic Art Competitions from an art history perspective », *Sport in History*, 4, 2018, p. 457-475.

Patrick Clastres, « La refondation des Jeux olympiques au Congrès de Paris (1894) : initiative privée, transnationalisme sportif, diplomatie des États », *Relations internationales*, 111, 2002, p. 327-335 ; « Inventer une élite : Pierre de Coubertin et la "chevalerie sportive" », *Revue française d'histoire des idées politiques*, 22, 2005, p. 51-71 ; « Performance sportive et prouesse olympique selon Pierre de Coubertin », *Les Cahiers de l'INSEP*, 46, 2010, p. 193-202 ; « Playing with Greece. Pierre de Coubertin and the Motherland of Humanities and Olympics », *Histoire@Politique*, 12, 2010 ; « Pierre de Coubertin en pays de Caux : l'échec politique d'un jeune rallié (1888-1889) », *Études normandes*, 2, 2012, p. 105-112 ; « Culture de paix et culture de guerre. Pierre de Coubertin et le Comité international olympique de 1910 à 1920 », *Guerres mondiales et conflits contemporains*, 251, 2013, p. 95-114.

Sébastien Darbon, *Diffusion des sports et impérialisme anglo-saxon. De l'histoire événementielle à l'anthropologie*, Paris, Éditions de la Maison des sciences de l'homme, 2008.

Philippe Savoie, *La Construction de l'enseignement secondaire (1802-1914). Aux origines d'un service public*, Lyon, ENS Éditions, 2013.

Richard Stanton, *The Forgotten Olympic Art Competitions. The Story of the Olympic Art Competitions of the 20th Century*, Victoria (Canada), Trafford, 2000.

Harrison et Cynthia White, *Canvases and Careers: Institutional Change in the French Painting World*, New York, John Wiley & Sons, 1965 (trad. fr. : *La Carrière des peintres au XIXe siècle. Du système académique au marché des impressionnistes*, Paris, Flammarion, 1991).

Sur le tennis et le sport féminin dans l'entre-deux-guerres

(Suzanne Lenglen-Edith Dorothy Holman 6-3 6-0, finale du simple dames, Anvers, 23 août 1920)

Florence Carpentier, « Aux origines de l'exclusion du tennis des Jeux olympiques. Un conflit institutionnel multiforme dans les années 1920 », *Le Mouvement social*, 215, 2006, p. 51-66 ; « The Modern Olympic Movement, Women's Sport and the Social Order during the Inter-War Period », *International Journal of the History of Sport*, 7, 2006, p. 1112-1127 (avec Jean-Pierre Lefèvre) ; « Alice Milliat et le premier “sport féminin” dans l’entre-deux-guerres », *20 & 21*, 142, 2019, p. 93-107.

Florys Castan-Vicente, « Gender Performances of Sports Organization Leaders: A Comparative (Re)Examination of Alice Milliat’s, Suzanne Lenglen’s and Marie-Thérèse Eyquem’s Trajectories », in Georgia Cervin, Claire Nicolas (dirs), *Histories of Women’s Work in Global Sport*, Londres, Palgrave, 2019, p. 75-99 ; « “Ni de seins, ni de règlement”. L’athlète Violette Morris ou le procès de l’identité sexuée de l’entre-deux-guerres », *20 & 21*, 152, 2021, p. 87-105 (avec Anaïs Bohuon et Lucie Pallesi).

Gianni Clerici, *Suzanne Lenglen. La Divine*, Paris, Viviane Hamy, 2002.

Jean-Christophe Piffaut, *Suzanne Lenglen. Et la femme créa le tennis moderne*, Paris, Calype, 2023.

Sur les « Finlandais volants » des années 1910-1930

(Paavo Nurmi, médailles d’or dans le 1 500 mètres et le 5 000 mètres le 10 juillet, en cross-country individuel et par équipes le 12 juillet et dans le 3 000 mètres par équipes, le 13 juillet 1924, Paris)

Maurice Carrez, « Des muscles et de la moelle : le sport ouvrier en Finlande avant 1930 », *Recherche socialiste*, 70-71, 2015, p. 103-120.

John Lucas, *The Modern Olympic Games*, Londres, Barnes, 1980.

Henrik Meinander, « Nature Boys, Supermen, Fanatics: Perspectives on Finnishness in Three Sport Novels », *The International Journal of the History of Sport*, 12, 2012, p. 1744-1758.

Manuel Schotté, *La Construction du « talent ». Sociologie de la domination des coureurs marocains*, Paris, Raisons d'agir, 2012.

Sur les Jeux de 1936

(Eva Dawes, médaille de bronze en saut en hauteur aux Jeux de Los Angeles, gare de Toulouse-Matabiau, milieu de matinée, 18 juillet 1936)

Susan Brownell (dir.), *The 1904 Anthropology Days and Olympic Games*, Lincoln/Londres, University of Nebraska Press, 2008.

André Gounot, *Les Mouvements sportifs ouvriers en Europe (1893-1939)*, Strasbourg, Presses universitaires de Strasbourg, 2016.

Barbara Keys, « Spreading Peace, Democracy, and Coca-Cola: Sport and American Cultural Expansion in the 1930s », *Diplomatic History*, 2, 2004, p. 165-196.

Bruce Kidd, « Canadian opposition to 1936 Olympics in Germany », *Sport in Society*, 4, 2013, p. 425-438.

Boria Majumbar, Nalin Mehta, *Olympics: The India Story*, New York, HarperCollins, 2012.

Edoardo Molinelli, « L'Olimpíada Popular del 1936. Utopia sportiva e internazionalismo antifascista dei Giochi di Barcellona », *Passato e presente*, 119, 2023, p. 69-89.

Nancy J. Parezo, Don D. Fowler, *Anthropology Goes to the Fair. The 1904 Louisiana Purchase Exposition*, Lincoln/Londres, University of Nebraska Press, 2007.

Xavier Pujadas, Carles Santacana, *L'altra Olimpíada. Barcelona '36*, Badalona, Llibres de L'Índex, 1990.

Antonio Sotomayor, Cesar R. Torres (dirs), *Olimpismo: The Olympic Movement in the Making of Latin America and the Caribbean*, Fayetteville, University of Arkansas Press, 2020.

James Stout, *The Popular Front and the Barcelona 1936 Popular Olympics. Playing as if the World Was Watching*, Basingstoke, Palgrave Macmillan, 2020.

Sur le marathon des Jeux de Rome

(Abebe Bikila, médaille d'or en 2 h 15 min 16 s, 10 septembre 1960)

John Bale, Joe Sang, *Kenyan Running: Movement Culture, Geography, and Global Change*, Londres/Portland, Frank Cass, 1996.

Sylvain Coher, *Vaincre à Rome*, Arles, Actes Sud, 2019.

Benoît Gaudin, « Athlétisme et nationalisme dans l'Éthiopie des années 1920-1960 », *Sciences sociales et sport*, 1, 2008, p. 49-78.

Barbara Keys, « The 1960 Rome Summer Olympics: Birth of a New World? », in Stephen Wagg (dir.), *Myths and Milestones in the History of Sport*, Basingstoke, Palgrave Macmillan, 2011, p. 299-315.

Giorgio Lo Giudice, Valerio Piccioni, *La rivoluzione di Bikila. Una storia d'amore fra l'Etiopia e l'Appia Antica*, Turin, Bradipolibri, 2010.

David Maraniss, *Rome 1960. The Olympics that changed the World*, New York, Simon & Schuster, 2008.

Sur le dernier match de volley-ball féminin aux Jeux de Tokyo

(Japon/URSS 3-0, 23 octobre 1964)

Quentin Deluermoz, « La fabrique "d'Empires inversés" ? Le judo à la conquête de l'Europe et du monde », in Pierre Singaravélou, Julien Sorez (dirs), *L'Empire des sports. Une histoire de la mondialisation culturelle*, Paris, Belin, 2010, p. 117-137.

Yoshikuni Igarashi, *Bodies of Memory. Narratives of War in Postwar Japanese Culture, 1945-1970*, Oxford, Princeton University Press, 2000.

Les Sorcières de l'Orient, documentaire de Julien Faraut, UFO Production, 2021 (100 minutes).

Michael Lucken, *Les Japonais et la guerre (1937-1952)*, Paris, Fayard, 2013 ; *Le Japon grec. Culture et possession*, Paris, Gallimard, 2019.

Robert Whiting, *The Chrysanthemum and the Bat: The Game Japanese Play*, Tokyo, Permanent Press, 1977.

Sur la contestation aux Jeux de Mexico

(Tommie Smith et John Carlos, médailles d'or et de bronze du 200 mètres, 16 octobre 1968)

Amy Bass, *Not the Triumph but the Struggle. The 1968 Olympics and the Making of the Black Athlete*, Minneapolis/Londres, University of Minnesota Press, 2002.

Richard Hoffer, *Something in the Air. American Passion and Defiance in the 1968 Mexico City Olympics*, Lincoln, University of Nebraska Press, 2009.

François-René Julliard, *« Cette médaille est pour l'Amérique noire ». Les athlètes olympiques noirs américains, entre excellence sportive et lutte pour l'égalité (1896-1984)*, thèse d'histoire contemporaine, Universités de Clermont Auvergne et de Nanterre, 2022.

Kevin Witherspoon, *Before the Eyes of the World. Mexico and the 1968 Olympic Games*, DeKalb, Northern Illinois University Press, 2008.

Sur la finale de basket-ball des Jeux de Munich

(URSS/États-Unis 51-50, 12-13 septembre 1972)

:03 Seconds From Gold, documentaire produit et réalisé par George Roy, Black Canyon Productions-HBO Productions, 2002 (59 minutes).

Mike Brewster, Taps Gallagher, *Stolen Glory. The US, the Soviet Union, and the Olympic Basketball*

Game that never ended, Los Angeles, GM Books, 2012.

Robert Edelman, *Serious Fun. A History of Spectator Sport in the USSR*, New York/Oxford, Oxford University Press, 1993.

Jérôme Gygax, *Olympisme et guerre froide culturelle. Le prix de la victoire américaine*, Paris, L'Harmattan, 2012.

Sur le boxeur cubain Teófilo Stevenson

(finale olympique des poids lourds des Jeux de Montréal, victoire de Stevenson par abandon de l'adversaire dans la 3e reprise, 31 juillet 1976)

Loïc Artiaga, *Rocky. La revanche rêvée des Blancs*, Paris, Les Prairies ordinaires, 2021.

Françoise Escarpit, « Cuba : “Le sport, un droit pour tous” », *Outre-Terre*, 8, 2004, p. 47-64.

Raymond Pointu, Roger Fidani, *Cuba. Sport en révolution*, Paris, Les Éditeurs français réunis, 1975.

Toby Rider, *Cold War Games. Propaganda, the Olympics and U.S. Foreign Policy*, Urbana, University of Illinois Press, 2016.

Sur les athlètes et les Jeux paralympiques

(Neroli Fairhall, médaille d'or au tir à l'arc aux Jeux paralympiques d'Arnhem en 1980, 35e aux Jeux de Los Angeles)

Steve Bailey, *Athlete First: A History of the Paralympic Movement*, Chichester, John Wiley & Sons, 2008.

Ian Brittain, Aaron Beacom (dirs), *The Palgrave Handbook of Paralympic Studies*, Londres, Palgrave Macmillan, 2018.

Danielle Peers, « (Dis)empowering Paralympic histories: absent athletes and disabling discourses », *Disability & Society*, 24, 2009, p. 653-665.

Sur la gymnastique artistique féminine soviétique

(Elena Chouchounova, médaille d'or dans le concours général individuel, Séoul, 23 septembre 1988)

Georgia Cervin, *Degrees of Difficulty. How Women's Gymnastics Rose to Prominence and Fell from Grace*, Urbana, University of Illinois Press, 2021.

Sylvain Dufraisse, *Les Héros du sport. Une histoire des champions soviétiques (années 1930-années 1980)*, Ceyzérieu, Champ Vallon, 2019 ; « Facing the Involvement of Youths in Competitions: Soviet Visions and Adaptations to the Rejuvenation of Elite Sports (Second Half of the 20th Century) », *Frontiers in Sports and Active Living*, 2, 2020, en ligne.

Sur Caster Semenya aux Jeux de Londres

(médaille d'or sur 800 mètres, 11 août 2012)

Anaïs Bohuon, *Catégorie « dames ». Le test de féminité dans les compétitions sportives, une histoire classée X ?*, Donnemarie-Dontilly, Éditions iXe, 2012.

Paul Dimeo, *A History of Drug Use in Sport 1876-1976. Beyond Good and Evil*, Londres, Routledge, 2007.

John Hoberman, *Testosterone Dreams. Rejuvenation, Aphrodisia, Doping*, Berkeley, University of California Press, 2005.

Thomas M. Hunt, *Drug Games. The International Olympic Committee and the Politics of Doping, 1960-2008*, Austin, University of Texas Press, 2011.

Lindsay Parks Pieper, *Sex Testing. Gender Policing in Women's Sports*, Urbana, University of Illinois Press, 2016.

Table

Cet ouvrage a été mis en pages par

<pixellence>

Imprimé en France par CPI
en février 2024

Dépôt légal : avril 2024
N° d'édition : 600218-0
N° d'impression : 178412